高等职业教育高速铁路系列教材

U0682113

高速铁路无砟轨道

邓昌大　秦立朝　主编
薛双纲　主审

中国铁道出版社

2012年·北京

内 容 简 介

本书为高等职业教育高速铁路系列教材之一。本书根据目前高速铁路发展状况和学生的培养目标编写,在确保基本理论和基本知识的前提下,更加注重现场的实用性、适应性和先进性。全书分为 3 章,主要介绍无砟轨道结构、无砟轨道施工、无砟轨道维修。

本书为高职高专高速铁道工程技术、铁道工程技术、城市轨道工程技术专业的教学用书,也可作为铁路工务和工程施工技术人员培训用书,亦可作为从事高速铁路建设计养护维修人员的学习用书,以及相关专业管理人员的参考用书。

图书在版编目(CIP)数据

高速铁路无砟轨道/邓昌大,秦立朝主编 .—北京:
中国铁道出版社,2012.1
高等职业教育高速铁路系列教材
ISBN 978-7-113-13987-2

Ⅰ.① 高… Ⅱ.① 邓… ②秦… Ⅲ.① 高速铁路—无砟轨道—高等职业教育—教材 Ⅳ.① U213.2

中国版本图书馆 CIP 数据核字(2011)第 268921 号

书　　名:高速铁路无砟轨道
作　　者:邓昌大　秦立朝　主编

策　　划	刘红梅	电话:010-51873133	读者热线:400—668—0820
责任编辑	刘红梅	邮箱:mm2005td@126.com	
编辑助理	谢宛廷		
封面设计	崔丽芳		
责任校对	胡明锋		
责任印制	李　佳		

出版发行:中国铁道出版社(100054,北京市西城区右安门西街 8 号)
网　　址:http://www.edusources.net
印　　刷:中国铁道出版社印刷厂
版　　次:2012 年 1 月第 1 版　2012 年 1 月第 1 次印刷
开　　本:787 mm×960 mm　1/16　印张:11.50　字数:212 千
印　　数:1~4 000 册
书　　号:ISBN 978-7-113-13987-2
定　　价:24.00 元

高等职业教育高速铁路系列教材
编审委员会

序

中国铁路一直认真贯彻党中央、国务院关于铁路技术装备现代化的部署,按照"先进、成熟、经济、适用、可靠"的技术方针,瞄准世界高速铁路最先进技术,通过原始创新、集成创新和引进消化吸收再创新的有机结合,取得了一系列重大技术创新成果,系统掌握了时速 250 km 和时速 350 km 速度等级的涵盖设计施工、装备制造、系统集成、运营管理等高速铁路的成套技术,构建了具有自主知识产权和世界先进水平的高速铁路技术体系。目前,中国已经成为世界上高速铁路发展最快、系统技术最全、集成能力最强、运营里程最长、运行速度最高、在建规模最大的国家。

根据中长期铁路网规划,到 2020 年,铁路营业里程将达到 12 万 km 以上。其中,新建高速铁路将达到 1.6 万 km 以上;加上其他新建铁路和既有线提速线路,我国铁路快速客运网将达到 5 万 km 以上,连接所有省会城市和 50 万人口以上城市,覆盖全国 90% 以上人口。

为了建设和维护好高速铁路,确保其高效、安全、准时和舒适平稳运行,必须要有一大批掌握高速铁路建设、运用与维护等专业知识的工程技术人员,这些技术人员目前迫切需要一本适合他们要求的、同时具有一定理论深度的相关教材或技术参考书。

湖南高速铁路职业技术学院正是在上述背景下,在广泛收集国内外有关高速铁路的技术资料和调研的基础上,经过消化吸收和系统归纳整

理，结合高职学院教学特点以及国内高速铁路运营实际，组织教师和大量现场工程技术人员共同编写了高速铁路系列丛书，主要涵盖铁道工程、铁道运营管理、铁道通信、铁道信号等专业，可供高等职业院校相关专业教学使用，亦可供高速铁路施工、运营、维护等技术人员培训使用。

相信本套教材的出版会为进一步提高教学质量、帮助学生更快适应工作岗位、促进铁路职工更好地提高专业技能打下坚实的基础，为中国高速铁路的发展做出应有的贡献。

丛书编委会
2011 年 4 月

2

前　言

▷▷▷▷▷·············

　　根据中国铁路中长期发展规划,全国新建高速铁路将在 2020 年超过 2.0 万 km,同时武广高铁的开通,沪杭、宜万、包西、京沪等高铁陆续建设,将使中国高速铁路形成功能强大的铁路网。为了保证高速铁路能够高速、高效、安全、准时和舒适平稳地运行,必须要培养出一批掌握高速铁路建设、营运与维护等专业知识的工程技术人员。

　　根据形势需要,湖南高速铁路职业技术学院从 2005 年开始编写了高速铁路相关培训教材并对在职技术人员进行培训,在广泛收集国内外有关高速铁路技术资料和充分调研的基础上,结合高职学院教学特点,组织编写了高速铁路各专业系列教材,《高速铁路无砟轨道》正是其中的一本。

　　《高速铁路无砟轨道》教材是根据目前高速铁路发展状况和学生的培养目标编写的,在确保基本理论和基本知识的前提下,更加注重现场的实用性、适应性和先进性。本书在对建成和在建高速铁路的研究基础上,介绍了高速铁路无砟轨道结构,对无砟轨道的施工及养护作了重点阐述。本书配有大量的图表,直观易学。

　　本书由湖南高速铁路职业技术学院邓昌大、秦立朝主编,秦立朝编写第 1 章和第 3 章,邓昌大编写第 2 章。全书由邓昌大统稿,广州铁路集团公司工务处薛双纲主审。

　　本书在编写过程中得到了高速铁路施工和养护企业的大力帮助,参

高速铁路系列

1

考了大量的文件和资料。由于参考的文献和资料较多，只能就主要的文献列于书后。在此谨向所有参考过的文献、资料的作者们表示衷心的感谢。

本书可作为高职高专高速铁路工程技术、铁道工程技术、城市轨道工程技术专业教学用书，也可作为从事相关行业有关工程技术人员及管理人员参考用书。

本书涉及的内容为高速铁路无砟轨道的新技术，各方面的技术都处在不断发展之中，书中难免存在不足之处，敬请读者批评指正，以不断提高教材质量。

编　者
2011 年 10 月

目　录

▶ ▶ ▶ ▶ ▶ ·······································

高速铁路系列

2

1　无砟轨道结构

1.1　无砟轨道概述

从 20 世纪 60 年代开始,无砟轨道结构在世界各地得到发展并被广泛应用。经过 40 多年的发展,无砟轨道经历数量上由少到多,技术上有浅到深,类型上由单一到多种,铺设范围上由个别地段到全线铺设的发展历程。目前高速铁路比较发达的国家大都采用无砟轨道作为主要轨道的结构形式,具有代表性的有德国的 Rheda、Zublin、Bogl;日本的板式轨道;中国的 CRTS(China Railway Track System)Ⅰ、Ⅱ型板式轨道、Ⅲ型轨道及 CRTS Ⅰ、Ⅱ型双块式轨道等。此外,意大利、法国、奥地利、荷兰、瑞士等国均根据自己国家的铁路特点选择无砟轨道形式,在铁路上有不同程度的应用。

1.1.1　国外无砟轨道发展

为适应列车高速运行需要、提高线路稳定性和耐久性、减少线路维修工作量,世界各国研究开发了多种结构形式的无砟轨道。如日本新干线的板式、德国高速铁路的雷达(Rheda)型、英国的 PACT 型等。

日本是发展无砟轨道较早、较快的国家。早在 20 世纪 60 年代的中期,日本就开始了无砟轨道的研究与实验,考虑到预制轨道板精度容易保持、板下可设置用于调整的缓冲垫层以及方便施工与维修,最终选择了板式轨道。板式轨道已成为日本新干线的主要轨道结构形式。此外,日本根据线路的实际运营情况,为了减小因温度差异而引起的轨道板翘曲、减小 CA 砂浆损坏、降低维修工作量,同时减少轨道板体积和自重及 CA 砂浆的用量、降低生产成本和运费、获得更好的经济性,又发展了框架型轨道板。为适应东北、上越新干线寒冷气候条件的要求,研制了双向预应力结构的轨道板,以确保预应力作用范围,特别是保证轨道端部的应力水平。

德国也是世界上发展无砟轨道较早的国家之一。德国采用自主研发、统一管理的模式,即由德铁制定统一的基本设计要求,由公司、企业自行研制开发无砟轨道。自 1959 年开始研究至今,德国先后在土质路基、高架桥上以及隧道内试铺了各种混

凝土道床和沥青混凝土道床的无砟轨道。经过不断改进、优化和完善,形成了德国铁路的七大系列四十多种无砟轨道和比较成熟的技术规范和管理体系,研制了成套的施工机械设备和工程质量检测设备,为无砟轨道在德铁的推广应用创造了良好的条件。目前,应用较广的主要结构形式有 Rheda、Zublin 和 Bogl。

英国采用的 PACT 型无砟轨道为现场灌筑的钢筋混凝土道床板,钢轨直接与道床板连接,轨底与混凝土道床板之间设连续带状橡胶垫板,钢轨为连续支承,由于承轨部位现浇施工,精度保证比较困难。1969 年开始研究和试铺,到 1973 年正式推广,并在西班牙、南非、加拿大和荷兰等国家重载和高速线的桥隧结构上应用。

奥地利开发的 OBB-PORR 板式轨道,中间设有两矩形孔,便于充填砂浆和传递水平力。轨道板底部和矩形孔四周设有隔离层。充填砂浆的同时,可在矩形孔处形成一个锥形锚块,抵抗上拔力作用。

法国高速铁路主要采用有砟轨道,运营速度能够达到 300 km/h 以上。但随着运营时间的增长,法国开始认识到无砟轨道的优越性,开始了对无砟轨道的研究与实验。在新建的地中海线,路基上铺设了 2 km、隧道内铺设了 8 km 的双块式无砟轨道。

1.1.2　我国无砟轨道发展

我国无砟轨道的研究起于 20 世纪 60 年代,与国外的研究几乎同步。初期曾试铺过支承块式、短枕式、整体灌筑式及沥青道床等,形成通用图并推广应用的仅有支承块式整体道床,在成昆线、京原线、京通线、南疆线等长度超过 1 km 的隧道内铺设,累计达 300 km。20 世纪 80 年代曾试铺过由沥青混凝土铺装层与宽枕组成的沥青混凝土整体道床,全部铺设在大型客站和隧道内,总长约为 10 km,但并未大量推广。此外铺设过由沥青灌注的固化道床;在京广线九江长江大桥引桥上还铺设过无砟无枕结构,长度约 7 km。

进入 20 世纪 90 年代以来,为了适应我国铁路提速以及高速铁路发展的需要,我国无砟轨道的研制工作步入了一个新阶段,在秦沈线上铺设板式无砟轨道,在渝怀线上鱼嘴 2 号隧道和圆梁山隧道内铺设长枕埋入式无砟轨道,在西康线秦岭隧道内铺设弹性支承块式无砟轨道。

为了研发具有自主知识产权的无砟轨道成套技术,积累成段铺设无砟轨道经验,2004 年铁道部决定在遂渝线建设无砟轨道试验段,对板式轨道、双块式轨道、纵连式轨道以及岔区长枕埋入式无砟轨道进行了试验研究。此后,在引进消化吸收再创新的基础上,通过京津、武广、郑西、京沪等高速铁路的建设,我国高速铁路无砟轨道进

入了快速发展时期。

京津高速铁路是我国第一条时速 300～350 km 的高速铁路,除天津站和中间站到发线采用有砟轨道外,区间正线全部采用 CRTS Ⅱ 型无砟轨道,部分道岔区段采用轨枕埋入式和岔区板式无砟轨道。武广高速铁路全长 1 068.6 km,正线无砟轨道 955.7 km,设计时速 350 km/h,大规模应用了 CRTS Ⅰ 型双块式轨道、CRTS Ⅰ 型板式轨道、岔区板式和轨枕埋入式无砟轨道。武广高速铁路建设中,自主研发了时速 350 km18 号无砟高速道岔,首次铺设了 50 号大号码板式无砟道岔。郑西高速铁路全长 484 km,全线铺设 CRTS Ⅱ 型双块式无砟轨道。京沪高速铁路全长 1 318 km,是新中国成立以来一次建设里程最长、投资最大、标准最高的高速铁路,全线铺设无砟轨道,采用了 CRTS Ⅰ 型、CRTS Ⅱ 型板式无砟轨道技术。

1.1.3　无砟轨道的特点

与有砟轨道相比,无砟轨道具有以下特点:

1. 线路平顺性高

有砟轨道采用均一性较差的天然道砟材料,在列车荷载作用下其道床肩宽、砟肩堆高、道床边坡、轨枕间距及轨枕在道床中的支撑状态相对易于变化,并导致轨道几何形变。无砟轨道的下部结构均为现场工业化浇筑或厂预制件,可以保证其性能有较好的均一性,从而提高轨道的平顺性。

2. 轨道稳定性好

无砟轨道结构中,作为无缝线路稳定性计算参数的轨道纵、横向阻力不再依赖于有砟道床,其整体式轨下基础可为无缝线路提供更高和更稳定的轨道纵、横向阻力,具有更高的稳定性和更长的使用寿命。

3. 线路养护维修工作量显著减少

无砟轨道采用整体式轨下基础,与采用散粒体结构的有砟道床相比,在列车荷载作用下不会产生道砟颗粒磨耗、粉化,相对错位所引起的道床结构变形;在列车荷载反复作用下不会产生变形积累,使轨道几何尺寸的变化基本控制在轨下胶垫、扣件及钢轨的松动和磨损等因素之内,从而大大降低轨道几何状态变化的速率,减少养护维修工作量。

4. 耐久性好,服务期长

无砟轨道结构为整体混凝土结构,设计使用寿命为 60 年,由于该结构使得线路平顺性高,稳定性好,病害少,维修量少,使得其耐久性好,服务期长。

5. 自重轻,结构高度低

由于无砟轨道道床板的厚度比有砟轨道道床厚度要小,所以无砟轨道自重轻,结

构高度比有砟轨道低,降低跨线处结构设计高程,对于桥上无砟轨道结构可减轻桥梁二期恒载约40%,对于隧道内无砟轨道结构可以降低隧道净空。

6. 初期投资相对较大

与有砟轨道相比,尽管无砟轨道的结构具有高度低、自重轻、桥隧工程费用降低的特点,但无砟轨道结构本身的工程费用高于有砟轨道,特别是在对振动和噪声等环境要求较高的地段,用于减振降噪措施的费用比有砟轨道要高,总的来说,无砟轨道建设初期投资大于有砟轨道。

7. 基础变形下沉修复困难

无砟轨道的永久变形可以通过扣件或CA砂浆进行调整,以恢复其正常的轨道几何形状。由于扣件的调整量非常有限或调整的工作困难,对于无砟轨道的变形,特别是由于线下工程的沉降所引起的轨道永久变形必须做出严格限制,无砟轨道结构属于整体结构,局部损坏对轨道整体影响较大,一旦出现病害修复困难。

1.2 我国无砟轨道类型

为了提高轨道在高速运行条件下的稳定性和耐久性。实现轨道少维修的目的,就必须考虑改变轨下基础结构形式。国外成功地开发了无砟轨道结构,主要有板式无砟轨道、雷达型无砟轨道、博格板式无砟轨道、旭普林无砟轨道、弹性支承块式无砟轨道等几种形式。我国无砟轨道结构类型主要有CRTSⅠ型、CRTSⅡ型、CRTSⅢ型板式无砟轨道和CRTSⅠ型、CRTSⅡ型双块式无砟轨道。无砟轨道类型见图1.1～1.5所示。

图1.1 CRTSⅠ型板式无砟轨道

图 1.2 CRTS Ⅱ 型板式无砟轨道

图 1.3 CRTS Ⅰ 型双块式无砟轨道

图 1.4 CRTS Ⅱ 型双块式无砟轨道

5

高速铁路系列

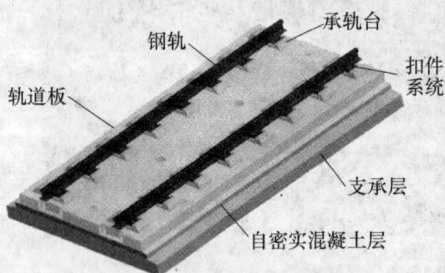

图 1.5　CRTSⅢ型无砟轨道

1.3　钢　　轨

　　钢轨是轨道结构的最重要部件,其主要功能是:直接承受车轮传递来的荷载,并将其传递、分配到轨枕或轨下基础上;引导车轮正常运行;为车轮提供光滑的运行踏面,通过黏着分配牵引力和制动力;传递信号电流。采用无砟轨道结构的高速铁路,为保证列车高速运行的平顺性,线路下部基础、轨道上部结构以及各轨道部件,都要为钢轨的正常工作提供良好条件。而钢轨内在的质量、材质性能、断面公差、平直度等都是钢轨正常使用的必要保证。

1.3.1　高速铁路钢轨特点

　　随着铁路的发展,列车运行速度和轴重不断增加,钢轨断面形状不断得到改进,尺寸也随之不断增大。为了使钢轨具有足够的刚度,要适当增加钢轨高度,以保证钢轨有较大的水平惯性矩,同时为使钢轨具有足够的稳定性,在设计轨底宽度时应尽量宽一些。为了使刚度和稳定性有最佳的匹配,通常在设计钢轨断面时应控制轨高与轨底之比,高速铁路通常将钢轨断面轨高与底宽之比控制在 1.14~1.20(UIC60 为1.14,CHN60 为 1.17)。

　　目前,国外高速铁路使用的钢轨除日本采用 JIS 60 kg/m 钢轨断面外,法国、德国、西班牙、意大利以及韩国等都采用 UIC 60 kg/m 钢轨断面。中国使用 CHN 60 kg/m钢轨断面,即原有的 60 kg/m 轨头形式,尺寸与 UIC60E1 钢轨没有实质性差异。钢轨的断面示意如图 1.6 所示。钢轨各部分的尺寸及特征见表 1.1。

　　钢轨定尺长度不仅反映了一个国家的钢轨生产水平,而且也能反映钢轨使用部

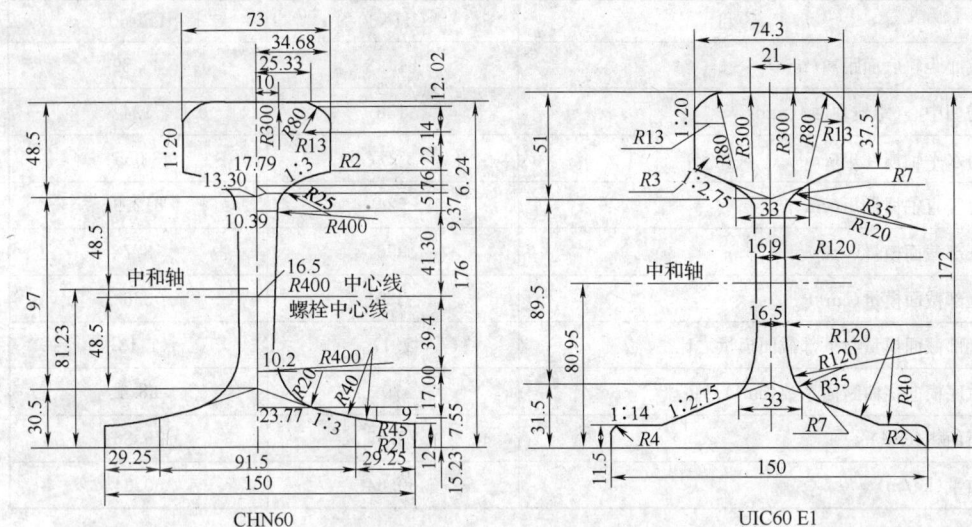

CHN60   UIC60 E1

图 1.6　钢轨断面示意图(单位:mm)

门的管理水平。我国钢轨的标准长度有 12.5 m、25 m 及 100 m。钢轨的焊接接头始终是线路上的薄弱环节,接头越少对行车越有利。对高速铁路而言,钢轨定尺长度越长,对确保高平顺性的轨道越有利。所以,高速铁路应采用符合相应技术标准的 60 kg/m 的 100 m 定尺钢轨焊接。

高速铁路要求钢轨安全使用性能好,几何尺寸精度高、平直度好。为此国外高速铁路较为发达国家均采用强度等级为 800～880 MPa 的碳素热轧钢轨,并采用炉外精炼、真空脱气、大方坯连铸等先进技术进行钢轨的冶炼,我国新建的高速铁路均采用强度等级为 880 MPa 级 U71Mn 钢轨。

表 1.1　CHN60 和 UIC60 钢轨断面尺寸及特性

项　　目	CHN60	UIC60
钢轨高度(mm)	176	172
钢轨底宽(mm)	150	150
轨头高度(mm)	48.5	51
轨头宽度(mm)	73	74.3
轨腰厚度(mm)	16.5	16.5
轨头圆弧(mm)	300-80-13	300-80-13
钢轨高度与钢轨底宽之比	1.17	1.15

续上表

项　　目	CHN60	UIC60
重心距轨底面距离(mm)	81.23	80.89
剪切中心(距轨顶面)(mm)	136	124
对水平轴惯性矩(cm^4)	3 217	3 055
对竖直轴惯性矩(cm^4)	524	512.9
下部截面模量(cm^3)	396	377
上部截面模量(cm^3)	339	336
上部截面模量与下部截面模量之比	1.17	1.13
轨底横向挠曲断面系数(cm^3)	70	68.4
断面积(cm^2)	77.45	76.86
质量(kg/m)	60.64	60.34

1.3.2　高速铁路对钢轨的技术要求

高速铁路行车要求标准更高,其对钢轨的要求也就更高,主要包括钢质洁净、表面无缺陷、轨底残余拉应力低、韧塑性优良、焊接性能优良、平直度高、几何尺寸精度高,同时要求便于生产、质量稳定和可靠性高。

1. 钢质洁净

材质内部高洁净,有利于提高其疲劳性能,是高速铁路钢轨的最基本要求。严格控制钢中的有害元素如 P、S 含量,要求 P 含量小于 0.025%,S 含量小于 0.025%;严格控制钢中气体含量,氢、氧含量分别要求小于 $2.5×10^{-4}$% 和 $20×10^{-4}$%,钢轨成品氢含量要求小于 $2.0×10^{-4}$%;要求钢中残留元素 $Mo<0.02$%,$Ni<0.10$%,$Cr<0.15$%,$Cu<0.15$%,$i<0.025$%,$Sb<0.040$%,$Sn<0.040$%,$Cu+10Sn<0.35$%,$Cr+Mo+Ni+Cu<0.35$%;为了有效减少钢中的氧化铝夹杂,采用无铝脱氧,要求钢中铝含量≤0.004%。

2. 表面无缺陷

钢轨表面无缺陷,不仅对保证钢轨安全使用有益,而且可以减少表面接触疲劳伤损的出现,延长钢轨的使用寿命。在热状态下形成的钢轨刮伤、磨痕、热刮伤、纵裂、氧化皮压入等的最大允许深度:钢轨踏面 0.35 mm,钢轨其他部位 0.5 mm。在冷状态下形成的钢轨纵向划痕最大允许深度:钢轨踏面和轨底下表面 0.3 mm;钢轨其他部位 0.5 mm。

3. 低的轨底残余拉应力

为了保证铁路的行车安全,对轨底残余拉应力作必要的限制是非常必要的,尤其对提速铁路钢轨更为重要。钢轨系列技术条件规定轨底最大纵向残余拉应力应小于等于 250 MPa。

4. 好的韧塑性

韧塑性是高速铁路对钢轨的重要要求之一,钢轨中含碳量较低时,钢轨的韧塑性好,抗断能力强,焊接性能、抗擦伤性能以及抗打磨性能均较好。

5. 高的几何尺寸精度和平直度

钢轨的几何尺寸精度高、平直度高是提速线路实现平顺运行的重要保证。高速铁路钢轨的几何尺寸公差以及钢轨端头和本体的平直度、扭曲等均要达到表 1.2、表 1.3的要求。

表 1.2　钢轨尺寸允许偏差对比 　　　　　　(单位:mm)

项　目	TB/T 2344—2003 (50~75 kg/m 钢轨)	250 km/h 高速铁路 钢轨技术条件	350 km/h 高速铁路 钢轨技术条件
钢轨高度	±0.6	±0.6	±0.6
轨头宽度	±0.5	±0.5	±0.5
轨头顶部断面	未规定	±0.6	+0.6,−0.3
轨底宽度	+1.0,−1.5	±1.0	±1.0
轨腰厚度	+1.0,−0.5	+1.0,−0.5	+1.0,−0.5
轨底边缘厚度	+0.75,−0.5	+0.75,−0.5	+0.75,−0.5
接头夹板安装面斜度	+1.0,−0.5	+1.0,−0.5	±0.35
接头夹板安装面高度	+0.6,−0.5	+0.6,−0.5	+0.6,−0.5
轨底凹陷 a	≤0.4	≤0.3	≤0.3
端面斜度	≤0.8	≤0.6	≤0.6
断面不对称	±1.2	±1.2	±1.2
长　度	≤25 m:±6.0(有孔)、±10.0(无孔)	±6.0	±30
	>25 m:供需双方协商	双方协商	100 m:±30
螺栓孔直径	±0.8	±0.7	±0.7
螺栓孔位置	±0.8	±0.7	±0.7

表 1.3　钢轨平直度要求　　　　　　　（单位：mm）

部　位	项　目	允　许　偏　差		
		TB/T 2344—2003 (50～75 kg/m)	250 km/h 高速铁路	350 km/h 高速铁路
轨端	垂直(向上)	≤0.5/1 m	≤0.5/1.5 m	≤0.3/1 m；≤0.4/2 m
	垂直(向下)	≤0.2/1 m	≤0.2/1.5 m	≤0.2/2 m；
	水平(左右)	≤0.5/1 m	≤0.7/1.5 m	≤0.6/2 m
轨端与 轨身重 叠区	垂直	—	距轨端1～2.5 m≤0.4/1.5 m	距轨端1～3 m≤0.3/2 m
	水平	—	距轨端1～2.5 m≤0.6/1.5 m	距轨端1～3 m≤0.6/2 m
轨身	部位	除轨端各 1 m 的其他部分	除轨端各 1.5 m 的其他部分	除轨端各 2 m 的其他部分
	垂直	≤0.5/3 m，≤0.4/1 m	≤0.4/3 m，≤0.3/1 m	≤0.3/3 m，≤0.2/1 m
	水平	≤0.7/1.5 m	≤0.6/1.5 m	≤0.45/1.5 m
全长	扭曲	≤全长 1/10 000	全长≤2.5 mm	全长≤2.5 mm
			轨端 1 m 内≤0.45 mm	轨端 1 m 内≤0.45 mm
	上、下弯曲	—	≤10 mm	≤10 mm
	侧弯曲	—	弯曲半径 R>1 500 m	弯曲半径 R>1 500 m

1.4　扣　件

扣件是固定钢轨位置、保证钢轨稳定的主要设备,扣件系统是客运专线轨道结构成功铺设的关键技术之一,在无砟轨道结构中,扣件几乎是轨道弹性和调整能力的唯一提供者,其结构形式和性能直接关系到无砟轨道结构运用的成败。各国铁路针对具体的运营条件与线路条件,采用不同的扣件形式。我国铁路扣件系统的工程实践也有四十多年的历史,也采用过多种扣件形式。

1.4.1　国外无砟轨道扣件

1. 日本无砟轨道扣件

日本是最早将高速铁路付诸实际运营的国家。日本研制了多种用于板式轨道的钢轨扣件:直结 4 型、直结 5 型、直结 7 型和直结 8K 型。

(1)直结 4 型扣件

直结 4 型扣件为不带铁垫板的弹性不分开式扣件,适用于有挡肩轨下基础结构,采用弹片扣压件扣压钢轨,扣压件由螺栓紧固,钢轨轨底与基础间设置上表面粘贴不锈钢板的橡胶垫板以降低钢轨与胶垫的摩擦系数,钢轨高低位置调整量为 10 mm,

通过胶垫下的可调衬垫进行无级调整，通过移动楔形座实现钢轨左右位置调整，单股钢轨左右位置的调整量为±3 mm，轨距调整量为±6 mm，轨下胶垫的静刚度为60 kN/mm。直结4型扣件如图1.7所示。

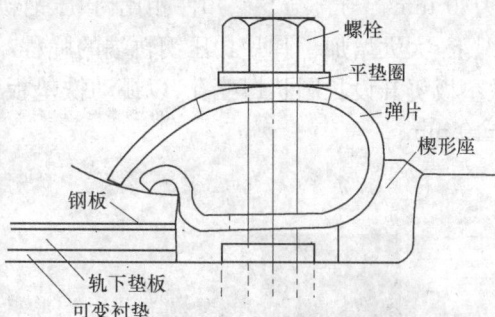

图 1.7　直结 4 型扣件

（2）直结 5 型扣件

直结 5 型扣件为带铁垫板的弹性分开式扣件，其构造特点是铁垫板开设长圆状螺栓孔，以挪动铁垫板来调整钢轨的左右位置，即调整轨距和方向，轨距调整量为：±10 mm。轨道板中预先埋设用于卡固 T 形螺栓的固定铁件和绝缘套管，用于紧固铁垫板的 T 型螺栓紧固力达 60～80 kN，靠摩擦力承受横向力。钢轨上下位置通过轨下胶垫下的可调衬垫可调整 10 mm，另外在铁垫板下垫入调高垫板可调整 30 mm，总调整量为 40 mm。由于相当多的板式轨道铺设在高架桥上，为减小无缝线路与桥梁的相互作用力，要求减小扣件阻力。该扣件设计初始扣压力较小，仅为 3 kN，同时在胶垫上表面粘贴 1.5 mm 厚的不锈钢板，以降低钢轨与胶垫的摩擦系数。轨下胶垫静刚度同直结 4 型扣件，为 60 kN/mm。日本直结 5 型扣件如图 1.8 所示。

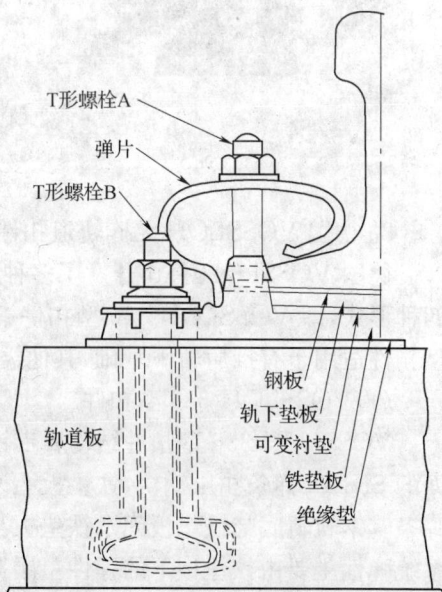

图 1.8　日本直结 5 型扣件

（3）直结 8K 型扣件

直结 8K 型扣件（图 1.9）为最新研制的扣件，是直结 8 型扣件的改进型，同样为

带铁垫板的弹性分开式扣件。其与直结 8 型扣件的差异是用锚固螺栓与预埋于轨道板的塑料套管配合紧固铁垫板，替代了原来的 T 形锚固螺栓(固定铁件和套管)。用这种方法紧固铁垫板更加牢靠。此外可调衬垫设在铁垫板下而不是在胶垫下，调整量仍为 30 mm。与直结 5 型扣件相比，扣压钢轨的弹片作了重大改进，在同样扣压力的情况下，大大增加了弹片扣压钢轨端的弹程。该扣件沿用直结 5 型扣件的构造特点，铁垫板仍开设长圆状螺栓孔，以挪动铁垫板来调整钢轨的左右位置，轨距调整量为：±10 mm。

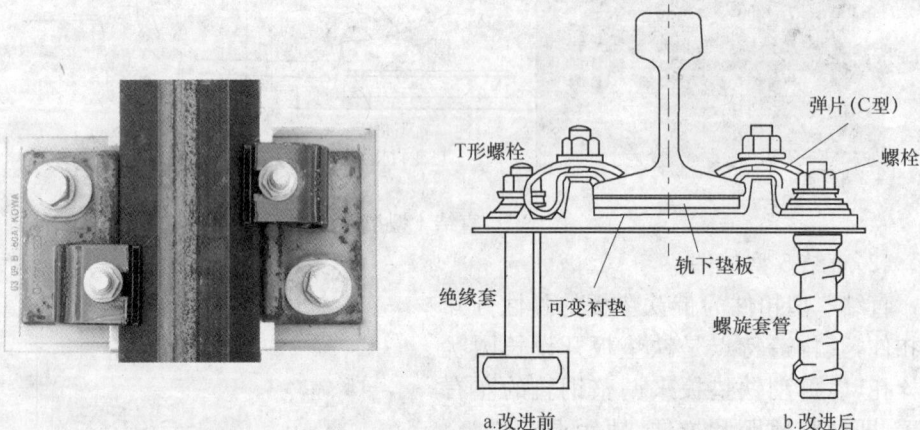

图 1.9　直结 8K 型扣件

2. 德国 VOSSLOH 无砟轨道扣件

德国 VOSSLOH 公司开发了多种用于无砟轨道的扣件系统，目前使用的主要有四种形式，即 VOSSLOH 336 型扣件、VOSSLOH 300 型扣件、DFF 300 型扣件，300 型扣件适用于有挡肩轨下基础，其他类型的扣件适用于无挡肩轨下基础。

(1)VOSSLOH 336 型扣件

VOSSLOH 336 型扣件结构属带铁垫板的弹性分开式扣件。扣压件采用圆形截面的 SKL12 弹条扣压钢轨，铁垫板上设有 T 形螺栓座，通过拧紧 T 形螺栓螺母紧固弹条。钢轨轨底与铁垫板间及铁垫板与基础间均设置弹性垫板，轨下垫板刚度很大，系统弹性主要由铁垫板下的弹性垫层提供。紧固铁垫板的螺栓采用黏结剂固定在基础的孔中。铁垫板螺栓孔与螺栓间设有绝缘缓冲套，通过高弹性弹簧垫圈紧固铁垫板，以延缓螺栓的松弛。这种扣件适用于混凝土和钢结构的无砟轨道，采用高弹性的铁垫板下弹性垫层可有效减少振动。VOSSLOH 336 型扣件如图 1.10 所示

(2)VOSSLOH(福斯罗) 300 型扣件

VOSSLOH 300 型扣件主要应用于高速铁路的无砟轨道。扣件系统由弹条、

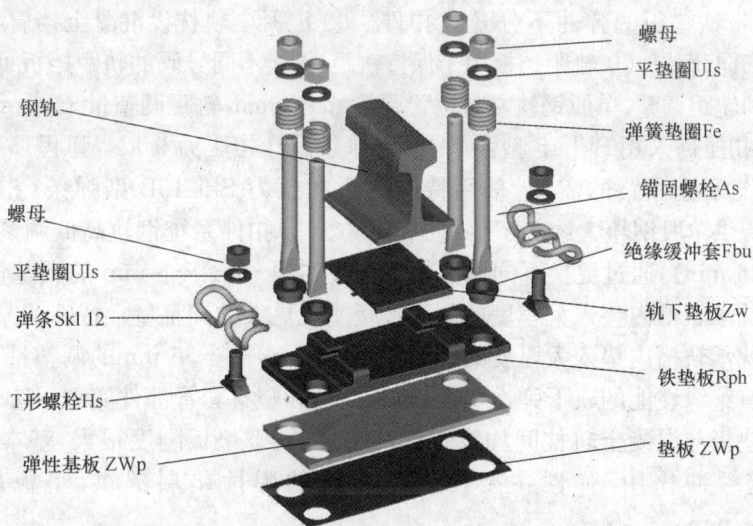

图 1.10 VOSSLOH 336 型扣件

轨距挡板、螺纹道钉、轨下弹性垫板、铁垫板、铁垫板下弹性垫板及预埋于混凝土轨枕中的塑料套管组成,如图 1.11 所示。该系统的主要结构特征及设计参数:

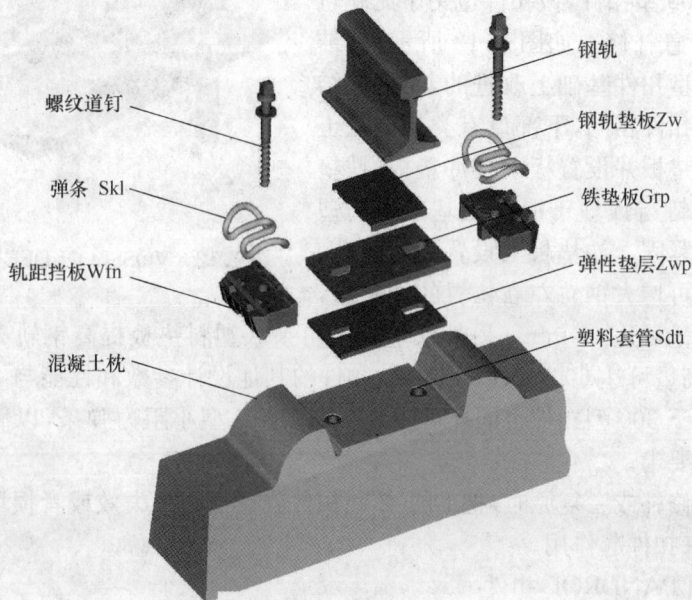

图 1.11 VOSSLOH 300 型扣件

① 结构为带铁垫板的弹性不分开式扣件。② 混凝土轨枕设混凝土挡肩,以承受钢轨传来的横向荷载。③ 轨距挡板用于保持轨距,更换不同号码的轨距挡板可实现钢轨左右位置即轨距调整,单股钢轨左右位置调整量±8 mm,轨距调整量±16 mm,为有级调整。④ 扣压件采用 Skl 15 型弹条,单个弹条设计扣压力 9 kN,弹程15 mm,桥上为满足铺设无缝线路的需要,采用特殊的小扣压力 Skl 15B 型弹条(扣压力 5～7 kN),可提供单股钢轨大约 7 kN 的防爬阻力。⑤ 扣件系统钢轨高低调整量 30 mm(−4～+26 mm),通过更换不同厚度轨下垫板实现−4～+6 mm 的调整量,通过在混凝土轨枕承轨槽内垫入大厚度的调高垫板实现更大的调整量。特殊情况下采用在混凝土轨枕承轨槽内垫入大厚度的钢垫板可实现−4～+56 mm 的调整量。⑥ 系统绝缘靠具有绝缘性能的轨下弹性垫板、轨距挡板和塑料套管部件实现。⑦ 钢轨与铁垫板和铁垫板与混凝土轨枕间均设置弹性垫层,轨下垫板刚度很大,基本不提供弹性,主要起缓冲作用,弹性主要由铁垫板下的弹性垫层提供,垫板静刚度为20～25 kN/mm。

(3)VOSSLOH DFF 300 型扣件

为在无砟无枕混凝土桥梁上使用 VOSSLOH 300 型扣件,VOSSLOH 公司开发了 DFF 300 型扣件,该扣件也用于无砟轨道地段的紧急补修。如图 1.12 所示,其结构是在 300 型扣件基础上改进的,其上部结构与 300 型扣件相同,下部设有类似混凝土枕挡肩的铁垫板并设置板下缓冲垫板,铁垫板由螺纹道钉与预埋于混凝土基础中的塑料套管配合紧固。铁垫板上设置为螺栓孔,移动铁垫板可增大钢轨左右位置的调整量,

图 1.12　VOSSLOH DFF 300 型扣件

总轨距调整量可达 46 mm。另外铁垫板下可垫入塑料垫板提高钢轨高低位置调整能力,总调高量可达 60 mm。DFF 300 扣件的其他设计参数和性能与 300 型扣件基本相同。DFF 300 型扣件也同样可安装 SKL 15 B 型小阻力弹条,以满足桥上铺设无缝线路的要求。

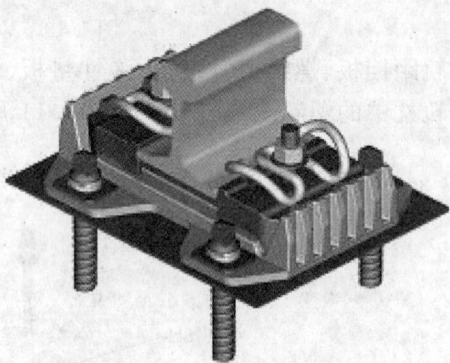

当进行修补或者复原时,把 DFF 300 扣件放置于两个失效或者损坏的承轨台之间,代替原来扣件起作用。

3. 英国 PANDROL 扣件

(1)σ 型 PANDROL 扣件

σ 型 PANDROL 扣件是一种无螺栓、无挡肩、零部件少,并能快捷紧固钢轨的弹

条扣件系统,如图 1.13 所示。这种扣件系统是用铸造挡肩承受横向推力并保持轨距,以线性弹条作为扣压件把钢轨扣着在轨下支承体上,以尼龙块作为绝缘部件。通过对固定弹条的预埋铸造挡肩的形状和位置的改变,基本上可适用于各种轨道结构。平时保持有一定的扣压力,即使松弛也无需紧固作业,可以节省养护维修工作量,但无法调整钢轨扣压力,调整轨距也难,要求有严格的制造公差、组装公差和较高的弹性。

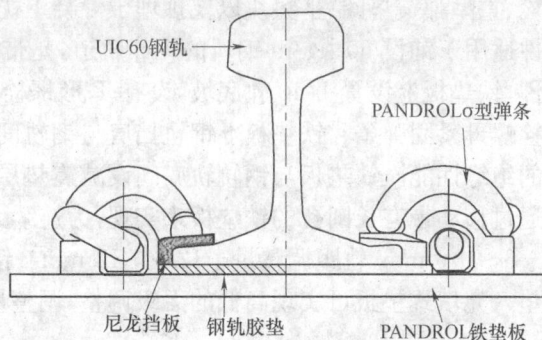

图 1.13　σ 型 PANDROL 扣件

(2)ω 型 PANDROL 扣件

英国 PANDROL 公司开发了无砟轨道用 FAST 弹性分开式扣件系统,如图 1.14 所示,其铁垫板上部结构采用 FAST 弹条扣压钢轨,为无螺栓扣压方式,其单个弹条扣压力为 12 kN。钢轨轨底与铁垫板间及铁垫板与基础间均设置弹性垫板,起双重减振作用,系统刚度可降低,铁垫板也由 FAST 弹条扣件紧固。该系统优点是无需任何维修,属少维修结构,缺陷是系统不能进行钢轨高低位置的调整。这种扣件在新加坡轻轨交通系统中得到应用。

图 1.14　ω 型 PANDROL FAST 无砟轨道扣件

1.4.2　我国无砟轨道扣件

我国从 20 世纪 60 年代开始进行无砟轨道的研究,采用过多种扣件形式。目前,我国高速铁路无砟轨道主要采用 WJ-7、WJ-8 型扣件。

1. WJ-7 型扣件

WJ-7 型扣件是适用于无挡肩无砟轨道,在总结秦沈高铁铺设 WJ-2 型扣件的成

功实践基础上进行优化设计的,适应无砟轨道的铺设要求,结构如图 1.15 所示,主要由弹条、绝缘块、铁垫板、T 形螺栓、螺母、平垫圈、轨下垫板、绝缘缓冲垫板、锚固螺栓、重型弹簧垫圈、平垫块以及预埋于混凝土枕或轨道板的绝缘套管等部分组成。扣件适用于铺设 60 kg/m 钢轨的无砟轨道,是带铁垫板的有螺栓无挡肩弹性分开式扣件,铁垫板上设置 1∶40 轨底坡,设有 T 形螺栓插入座和钢轨挡肩,通过拧紧 T 形螺栓螺母紧固弹条。铁垫板上钢轨挡肩与钢轨间设有绝缘块,可有效地提高扣件系统的绝缘性能。铁垫板与钢轨轨底间设减震垫层,实现系统弹性。钢轨左右位置调整通过移动带有长圆孔的铁垫板来实现,为连续无级调整,单股钢轨左右位置调整量为 −6～+6 mm,轨距调整量 −12～+12 mm。钢轨高低位置调整量大,在轨下垫板下垫入充填式垫板可实现高低的无级调整,调整量达 30 mm。

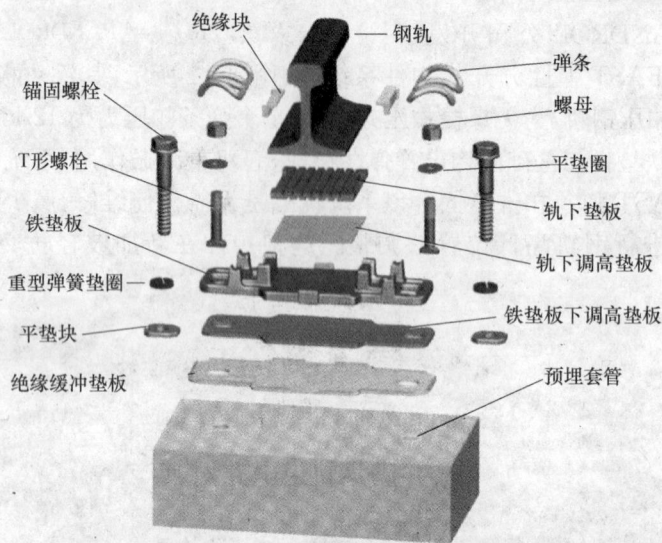

图 1.15　WJ-7 型扣件结构组合

2.WJ-8 型扣件

WJ-8 型扣件是为适应有挡肩无砟轨道,满足高速铁路扣件系统的技术要求而研发的一种无砟轨道扣件系统,结构如图 1.16 所示,扣件系统由螺旋道钉、平垫圈、弹条、绝缘块、轨距挡板、轨下垫板、铁垫板、铁垫板下弹性垫板和定位于混凝土枕或轨道板的绝缘套管等部分组成。扣件适用于铺设 60 kg/m 钢轨的无砟轨道,扣件系统为带铁垫板的有螺栓有挡肩弹性不分开式扣件,铁垫板上设置 1∶40 轨底坡,混凝土轨枕或轨道板承轨槽设混凝土挡肩。铁垫板上设挡肩,挡肩与钢轨之间设置工程塑料制成的绝缘块,不仅可以缓冲冲击,还可提高扣件的绝缘性能。铁垫板与混凝土挡

肩间设置工程塑料制成的轨距挡板,用以保持和调整轨距,同时起到绝缘作用,单股钢轨左右位置调整量为$-5\sim+5$ mm,轨距调整量$-10\sim+10$ mm。铁垫板下设用于保持弹性的弹性垫层和用于调整钢轨高低的调高垫板,钢轨高低位置调整量达30 mm。

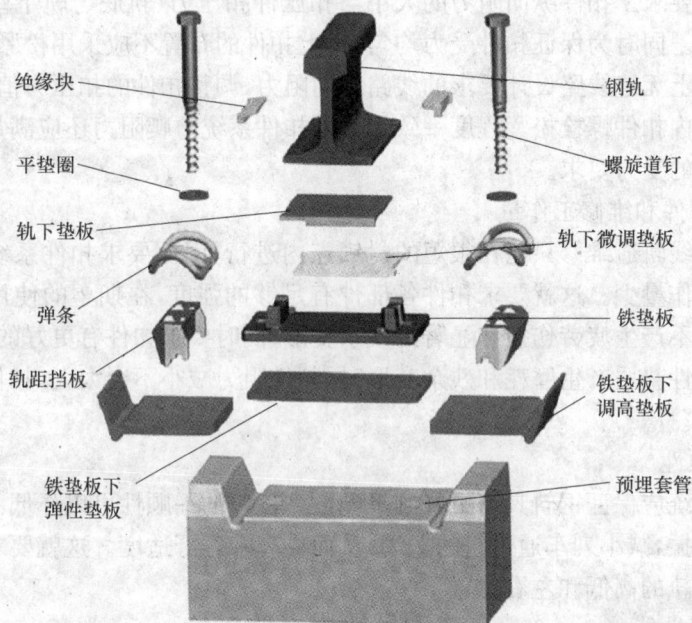

图 1.16　WJ-8 型扣件结构组合

1.4.3　高速无砟轨道扣件系统技术要求

由于高速无砟轨道列车运行速度高、密度大,对扣件系统有更高的技术要求。其应具有以下主要性能。

1. 保持轨距能力

扣件系统应保持由钢轨和混凝土轨枕(或混凝土轨道板)组成的轨道框架几何特征稳定,即保持轨距和防止轨距扩大,同时增强轨道框架的弯曲和扭转刚度,以保证轨道框架的稳定性。

2. 防爬阻力

扣件系统应防止钢轨相对于轨枕的纵向位移,即防止钢轨爬行,这就需要扣压件有足够的扣压力并且控制扣压力衰减。

桥上轨道结构的设计必须要考虑桥上无缝线路由于温度变化或列车荷载等作用

下梁轨间发生相对位移而产生的相互作用力,而梁轨间相互作用力的大小与线路纵向阻力值密切相关,线路纵向阻力如果太大,将会相应增加线路传递到桥梁墩台的纵向力和钢轨本身的应力;如果太小,可能导致钢轨爬行或在冬季发生断轨时断缝过大而影响行车安全。因而桥上扣件系统设计还应考虑这些影响,扣件阻力应满足无缝线路的铺设要求。扣件纵向阻力的大小与扣压件扣压力、轨底与轨下垫层的摩擦系数密切相关。同时为保证扣件受力均匀,桥上扣件的布置不应采用松紧相间的形式,而应根据桥上无缝线路设计要求的线路纵向阻力,调整扣件的扣压力值,以保证在全桥一定范围内扣件螺栓松紧程度一致。另外扣件系统防爬阻力还应满足板式无砟轨道凸形挡台的受力要求。

3. 零部件和维修工作量

客运专线轨道维修只能在很短的封锁点内进行,因而要求扣件系统零部件少和养护维修工作量少。这就要求扣件各部件有足够的强度,在期望的使用寿命周期内扣件各部件不产生疲劳伤损和显著的残余变形;同时要求扣件有更好的性能,当扣压件和轨下弹性垫层产生磨耗和残余变形时,扣件阻力减小不会太大,扣件螺栓无需经常进行复拧。

4. 平顺性

扣件系统应保证钢轨具有更好的平顺性。良好的平顺性可以降低由于轨道不平顺引起的激振,减小列车通过时的振动,从而提高乘客舒适度。这就要求扣件系统能精细调整钢轨的高低和左右位置。

5. 减振性能

轨道的动力效应与行车速度有直接的关系,高速列车通过时,轨道动力效应将急剧增大。因而要求扣件系统有良好的减振性能,即要求采用弹性更好的缓冲垫板。不少国家高速铁路用扣件系统基本与普通线路用扣件系统相同,但毫无例外都采用了高弹性的减振垫层。

与有砟轨道相比,无砟轨道结构由于取消了提供线路弹性的道砟层,从而要求具有比有砟轨道更好的弹性,以最大限度地降低轨道的振动,减缓轮轨间的冲击。对于高速铁路无砟轨道来说,要求扣件系统各节点刚度一致,以减小动力不平顺。

6. 绝缘性能

为保证行车绝对安全,要求扣件系统有良好的绝缘性能,保证轨道电路的正常工作,满足信号系统要求。

7. 钢轨高低与左右位置调整能力

由于无砟轨道结构中的扣件系统直接将钢轨与混凝土道床连接在一起,受施工误差和混凝土基础变化等因素的影响,钢轨高低和轨向的变化不能像有砟轨道那样

进行起道和拨道作业,只能通过扣件进行调整,因此,无砟轨道结构要求其所用扣件系统具有一定的调高和调整轨向(即钢轨左右位置)的能力。对于桥上无砟轨道来说,受梁体收缩徐变、上拱,墩台沉降等因素的影响,钢轨高低的变化更大,因此要求其所用扣件系统具有更大的钢轨高低调整能力。

复习思考题

1. 我国无砟轨道的类型有哪些?
2. 无砟轨道具有哪些特点?
3. 高速铁路钢轨有哪些具体要求?
4. 简述我国高速铁路无砟轨道 WJ-7 型扣件特点。
5. 简述我国高速铁路无砟轨道 WJ-8 型扣件特点。
6. 简述高速铁路无砟轨道扣件系统技术性能。

2 无砟轨道施工

2.1 CRTS I 型板式无砟轨道施工

2.1.1 CRTS I 型板式无砟轨道道床结构组成及特点

CRTS I 型板式无砟轨道是将预制轨道板通过水泥沥青砂浆充填层,铺设在现场浇注的具有凸形挡台的钢筋混凝土底座上,并适应 ZPW-2000 轨道电路的单元轨道板无砟轨道结构形式。

1. 结构组成

CRTS I 型板式无砟轨道由钢轨、扣件系统、充填式垫板、轨道板、水泥乳化沥青砂浆充填层、混凝土底座、凸形挡台及周围填充树脂等组成。其中,扣件采用无挡肩弹性分开式扣件,扣件节点间距一般为 629 mm,不宜大于 650 mm,特殊情况下间距大于 650 mm 时应进行特殊检算。板式无砟轨道分为平板型无砟轨道和框架板式无砟轨道,CRTS I 型板式无砟轨道结构示意图如图 2.1 所示。

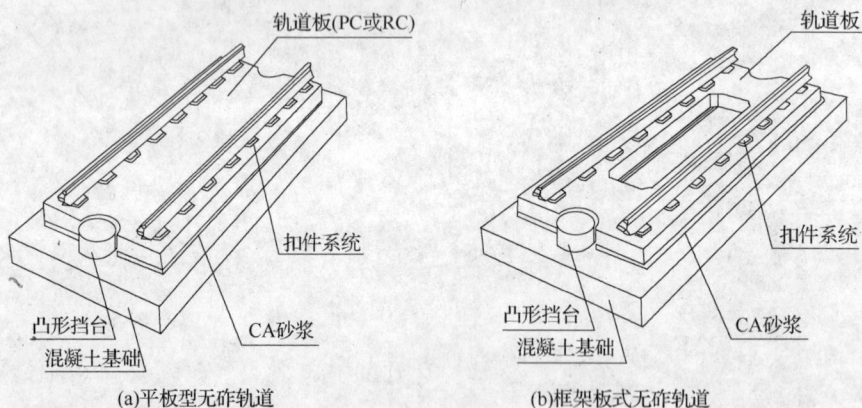

(a)平板型无砟轨道　　(b)框架板式无砟轨道

图 2.1　CRTS I 板式无砟轨道结构示意图

2. 结构特点

轨道板采用工厂化生产,并提前预制存储。在线下基础沉降稳定后,进行底座混凝土及凸形挡台的灌筑,利用运板车及龙门吊将轨道板运输并铺设至线路上,再对轨

道板进行精确调整后灌注 CA 砂浆,铺设无缝线路。

CRTSⅠ型板式无砟轨道具有以下技术特点:

(1)具有良好的施工性能。轨道板采用工厂高精度批量生产,现场组装铺设,施工简便快速,可最大限度地减少现场工作量,提高机械化作业水平,加快施工进度。

(2)铺设精度易控制。将预制好的轨道板直接"放置"在混凝土底座上,通过轨道板与底座之间充填水泥乳化沥青砂浆调整轨道板,确保铺设精度。轨道几何形位不仅可以通过扣件进行调整,也可以通过调整水泥沥青砂浆和凸形挡台树脂厚度适应线下基础垂向和横向变形,可调整性强。

(3)具有良好的可修复性。采用单元板式结构,在轨道板发生损坏或线下基础发生变形时,可通过更换轨道板及重新灌注砂浆来进行快速修复,对线路运营的干扰相对较小。

(4)具有较好的弹性,同时具有良好的减振降噪能力和抗震性能。

(5)轨道板预制必须配备专用制造设备和运输机具,施工中要配备水泥乳化沥青砂浆现场配置、运输和灌注等成套设施,施工机械化程度要求较高,初期投资大。

2.1.2 CRTSⅠ型板式无砟轨道道床主要结构及技术要求

1. 轨道板

轨道板有三种形式:预应力混凝土平板(P)、预应力混凝土框架板(PF)和钢筋混凝土框架板(RF),轨道板类型根据环境条件和下部基础合理选用,不同类型轨道板适应范围见表 2.1。轨道板的形式尺寸既要考虑轨道受力均匀,又要兼顾轨道板在制造、装载运输及施工时的可操作性。板长主要有 4 962 mm、3 685 mm、4 856 mm等,板宽为 2 400 mm,板厚为 190 mm。路基和隧道区段轨道板的标准长度为4 962 mm,相邻轨道板的间隙为 70 mm。

表 2.1   不同类型轨道板适应范围

下部基础 \ 气候环境		温暖地区	寒冷、严寒地区	高盐、酸雨环境
路　　基		PF4962、P4962	P4962	PF4962、P4962
桥梁	24 m梁	RF4856、RF4856A(梁端) PF4856、PF4856A(梁端) P4856、P4856A(梁端)	P4856、P4856A(梁端)	PF4856、PF4856A(梁端) P4856、P4856A(梁端)
	32 m梁	RF4962、RF3685(梁端) PF4962、PF3685(梁端) P4962、P3685(梁端)	P4962、P3685(梁端)	PF4962、PF3685(梁端) P4962、P3685(梁端)
隧　　道		RF4962、PF4962、P4962	RF4962、PF4962、P4962	RF4962、PF4962、P4962

配合设在底座上的圆形或半圆形凸形挡台,轨道板两端设置半圆形缺口,缺口半径为 300 mm。

2. 凸形挡台及周围填充树脂

凸形挡台形状分圆形和半圆形,如图 2.2 所示。半圆形挡台一般设在桥梁的端部或板式轨道的末端。凸形挡台作为板式轨道的一个重要组成部分,按固定于混凝土底座上的悬臂构件设计,其主要功能是限制轨道板的纵、横向位移,同时可为轨

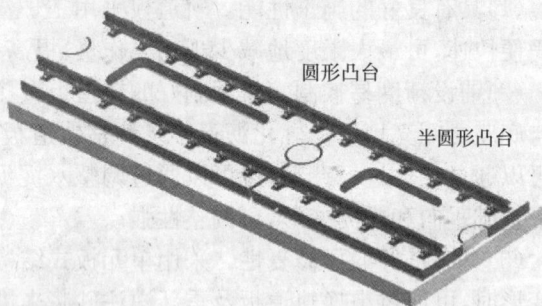

圆形凸台

半圆形凸台

图 2.2 圆形和半圆形凸形挡台

道板铺设提供测量基准。作用于凸形挡台上的力包括温度力(长钢轨纵向力、轨道板伸缩产生的纵向力)、轨道抵抗钢轨压屈的横向抗力、制动或牵引力、轮轨横向力等。

凸形挡台半径 $R=260$ mm,高度为 250 mm,按每单元板间隔设置。凸形挡台与轨道板半圆形缺口相匹配,间隙一般为 40 mm,应充填弹性好、强度高的树脂材料,以缓冲轨道对凸形挡台的作用。

3. 水泥乳化沥青砂浆充垫层

水泥乳化沥青砂浆(CA 砂浆)主要由水泥、砂、乳化沥青等材料经特殊工艺制配而成,作为板式无砟轨道轨道板和基础之间的充填调整垫层,其主要功能是施工调整、协调板端翘曲变形、阻断底座反射裂纹、缓和轨道振动冲击。水泥乳化沥青砂浆充填层是 CRTS I 型板式无砟轨道的关键组成部分,其性能的好坏直接影响轨道系统的耐久性和今后的养护维修工作量。CA 砂浆具有良好的力学性能、施工性和耐久性,并采用袋装灌注法进行施工。CA 砂浆厚度为 50 mm,对于减振型板式轨道,厚度为 40 mm,弹性模量为 1 00~300 MPa。

4. 混凝土底座

混凝土底座是板式轨道的支承基础,通过底座可以修正在无砟轨道施工前下部基础的变形(如桥梁上拱、路基沉降)与施工偏差,实现曲线地段板式轨道的超高设置。底座宽度的设计应在保证结构强度的前提下,考虑板式轨道的施工设备和机具的使用;其厚度和配筋应根据下部基础的支承条件和预测变形(如桥梁的跨中挠度、路基承载力及不均匀沉降等)条件计算确定。混凝土底座分段设置,路基地段 2~4 块轨道板设置一道底座伸缩缝,桥梁地段每块轨道板设置独立混凝土底座,隧道地段一般 2 块轨道板设置一道底座伸缩缝,遇隧道沉降缝应设置对应伸缩缝。

底座采用钢筋混凝土结构,混凝土强度等级为C40。路基直线地段底座宽3 000 mm,高300 mm;桥梁和隧道直线地段底座宽2 800 mm,高200 mm;曲线地段底座内侧厚度不应小于100 mm。

曲线超高在底座上设置,超高设置以内轨顶面为基准,采用外轨抬高方式,并在缓和曲线范围内线性过渡。

5. 路基地段CRTSⅠ型板式无砟轨道

路基地段底座在基床表层上分段设置,每4块轨道板长度底座设置20 mm伸缩缝,伸缩缝对应凸形挡台中心并绕过凸形挡台。线间排水应结合线路纵坡、桥涵等线路条件和环境条件具体设计。采用集水井方式时,集水井设置间隔应根据汇水面积和当地气象条件计算确定。严寒地区线间排水设计应考虑防冻措施。线路两侧及线间路基面应进行防水处理。

路基地段CRTSⅠ型板式无砟轨道横断面如图2.3所示。

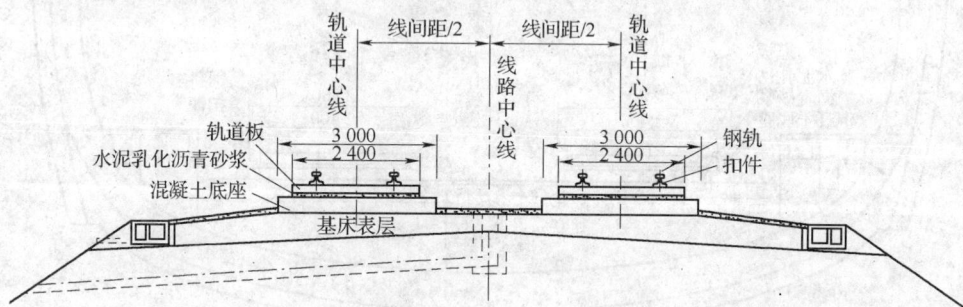

图2.3　路基地段CRTSⅠ型板式无砟轨道横断面图(单位:mm)

6. 桥梁地段CRTSⅠ型板式无砟轨道

桥梁地段底座在梁面构筑并分段设置,每块轨道板长度底座设置20 mm横向伸缩缝,伸缩缝对应凸形挡台中心并绕过凸形挡台。桥上扣件纵向阻力及梁端扣件结构形式应根据计算确定。

底座范围内梁面不设防水层和保护层,轨道中心线2.8 m范围内梁面应进行拉毛处理,梁体用预埋套筒植筋或预埋钢筋的方式与底座连接。桥梁地段CRTSⅠ型板式无砟轨道横断面如图2.4所示。

7. 隧道地段CRTSⅠ型板式无砟轨道

有仰拱隧道内,底座在仰拱回填层上构筑。沿线路纵向,底座每两块轨道板长,对应凸形挡台中心位置,应设置横向伸缩缝。底座在隧道沉降缝位置,应设置伸缩缝。底座宽度范围内,仰拱回填层表面应进行拉毛或凿毛处理。隧道地段CRTSⅠ型板式无砟轨道横断面如图2.5、图2.6所示。

高速铁路系列

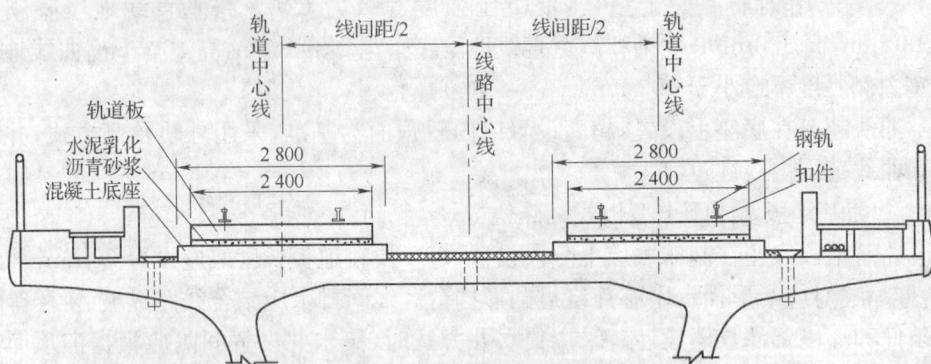

图 2.4　桥梁地段 CRTSⅠ型板式无砟轨道横断面图（单位：mm）

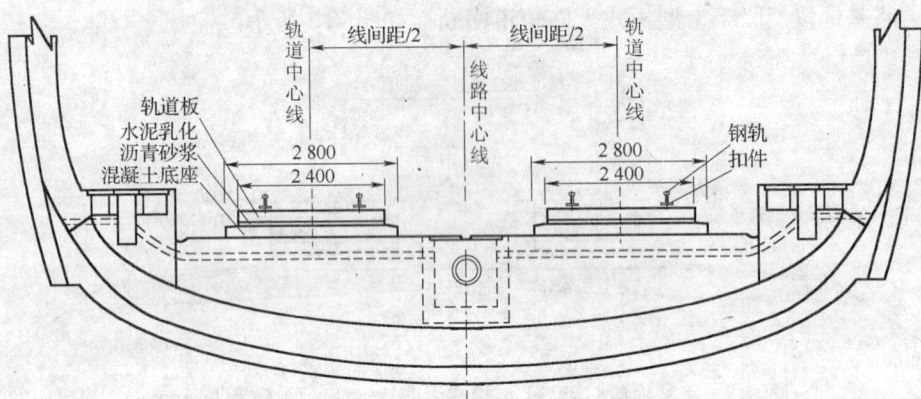

图 2.5　有仰拱隧道地段 CRTSⅠ型板式无砟轨道横断面图（单位：mm）

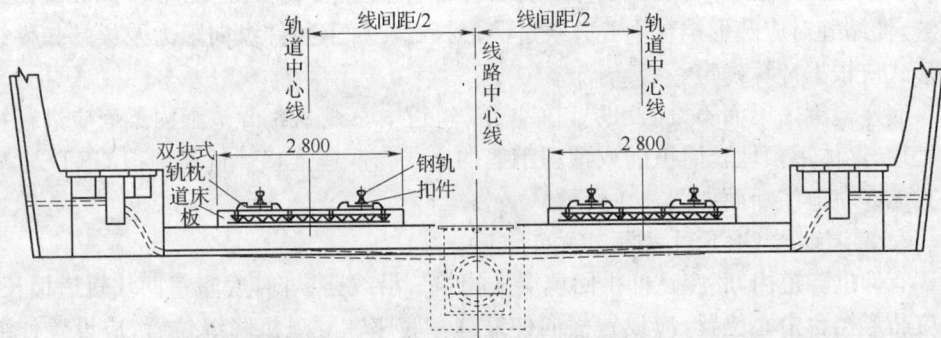

图 2.6　无仰拱隧道地段 CRTSⅠ型板式无砟轨道横断面图（单位：mm）

无仰拱隧道内,底座与隧道底板应合并设置并连续铺设。当位于曲线地段时,超高一般在底座面上设置。

距隧道洞口100 m范围,仰拱回填层应设置钢筋与底座连接。

8. 过渡段设计

在路桥、路隧等线下基础过渡处应设置无砟轨道过渡段,宜在桥台处设置搭板结构,保持轨道结构的连续性。

无砟轨道与有砟轨道应在同一线下基础上过渡,并设置辅助轨,过渡段无砟轨道应采用过渡段专用板,有砟轨道道砟应采用分级黏结。

为保证无砟轨道结构与梁体的可靠连接,实现梁体与无砟轨道结构的变形协调,在混凝土底座范围内的桥面应预埋一定数量的连接套筒或预埋钢筋,其数量应根据无缝线路纵向力的大小计算确定。

2.1.3 CRTS I 型轨道板的预制

1. 轨道板制造工艺流程

CRTS I 型轨道板制造工艺流程如图2.7所示。

2. 主要设备

轨道板制造的主要设备及工装:龙门吊、搅拌站、钢筋加工设备、轨道板模型、灰斗等。

轨道板生产采用台座式生产,将钢模放置在预制工作基坑基础上,振动器直接安装在钢模底模上,由底模附着式振动器进行振动密实,轨道板表面再用小型振动器进行面振,保证产品表面光滑、美观。

3. 主要工艺及质量要求

1)模板安装

轨道板模型采用钢模,按规格可分为标准板模型和异形板模型,标准版模型按轨道板长度分为4 962 mm型、4 856 mm型、3 685 mm型。轨道板模型由底台、侧模、锁紧系统、定位系统和震动系统组成。模型安装及拆除的步骤主要有以下几步:①检查模型承轨台是否水平,基础支撑层是否完好,模型板面是否平整、光洁,并清除模板上的灰渣;然后用软质钢丝球将残留在模型表面上的混凝土痕迹擦拭干净,最后用抹布或毛巾将模型表面混凝土清除干净。②在模板与混凝土接触面上涂上脱模剂,脱模剂分两次涂刷,首先将脱模剂均匀涂敷在模型表面,涂刷时不得有漏涂现象,然后用干净抹布将脱模剂均匀涂刷在模型上。③安装定位销和标志牌,并检查预埋件是否安装齐备,定位销是否松动,模型接缝是否严密,标志牌是否正确无误。④安装锚垫板,安装完成预埋套筒必须保持其垂直,安装过程中不得采用榔头或其他硬物直接

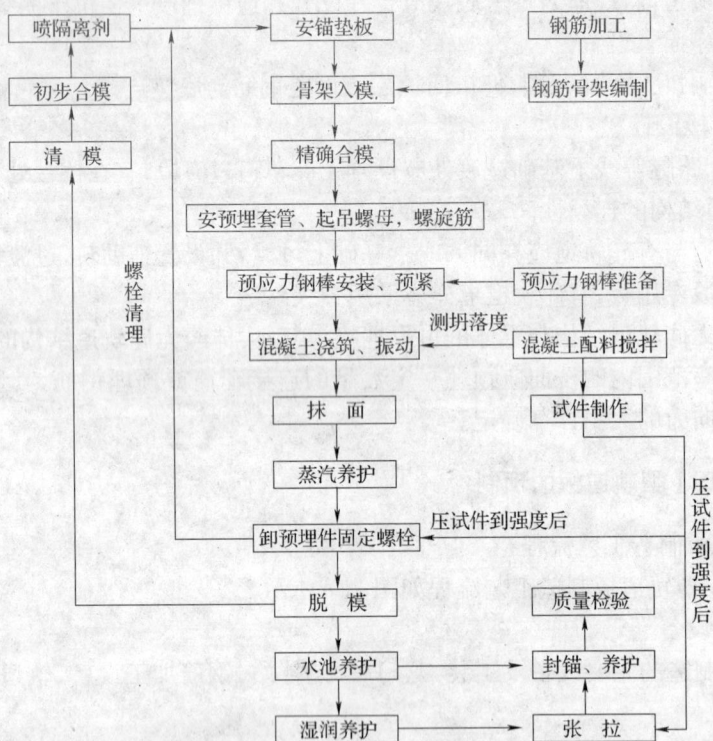

图 2.7 CRTS I 型轨道板制造工艺流程图

敲击预埋套筒,必须加软质垫层或用橡胶锤头慢慢排入。⑤脱模、顶板装置回位。脱模时禁止生拉硬撬,以免造成模型局部变形或者损坏板体混凝土。⑥两侧模同步滑移就位,侧模锁紧。⑦端模同步就位。⑧端模锁紧。⑨预紧 PC 钢棒。⑩模型安装完成。模板安装如图 2.8 所示。

　　2)钢筋笼安装

　　(1)钢筋加工

　　轨道板所采用钢筋的材质、规格、性能应符合设计图纸要求,并经检验符合相关标准要求。各类钢筋摆放应做到分类堆放,标志清楚,易于识别,不产生混淆。环氧涂层钢筋在运输及绑扎过程中不得损坏涂层。钢筋的加工严禁采用损害材料质量的加工方法,对已弯曲过的钢筋严禁再度复原使用。

　　(2)钢筋骨架编制

　　钢筋骨架编制应在专用编架台上进行,必须保证钢筋的位置正确,钢筋骨架的编制如图 2.9 所示。采用绝缘绑扎线绑扎,并对骨架进行绝缘性能检测。

图 2.8　模板安装

图 2.9　钢筋骨架的编制

（3）钢筋骨架入模

将编制好的钢筋骨架吊到钢模底模上，位置摆放正确，如图 2.10 所示。骨架吊运采用专用工装进行，防止钢筋骨架损伤、变形。若钢筋骨架影响预埋件位置和预应力钢筋位置，可适当移动普通钢筋位置，但移动后必须重新绑扎牢靠。骨架如有偏斜、扭曲，应进行调整。不得损坏环氧涂层钢筋表面涂层。

（4）精确合模

待钢筋骨架位置完全摆放、调整好后，安装侧模和端模。侧模、端模安装应对称进行，先安装侧模，再安装端模。侧模、端模与底模的连接螺栓全部上紧，保证合缝紧密。框架板还需在骨架入模前合好内模。

（5）安装预埋件

轨道板预埋件主要包括扣件系统的预埋套管、起吊螺母等。其中精度要求最为严格的为扣件系统的预埋套管，其尺寸

图 2.10　钢筋骨架入模

偏差直接影响到轨道的几何形位。安装时应确保预埋件的位置准确，无松动现象。

（6）预应力钢棒安装

预应力钢棒采用专用锚具预紧在模型上，以保证其平直，不得下凹或上翘。普通钢筋影响预应力钢棒位置时，适当移动普通钢筋（框架板为非预应力结构，无该工序）。预应力钢棒安装如图 2.11 所示。

3）混凝土浇筑

（1）混凝土配料搅拌

一般情况下，每天应测定骨料含水率一次，遇下雨应增加测定次数，并据此调整混凝土施工配合比。严格按混凝土施工配合比进行配料，碎石应分两级称量（5～10 mm 一次，10～25 mm一次）。

各种材料的计量系统必须满足称量精度要求，并经计量室和计量单位检定合格后，方能使用。混凝土各种

图 2.11　预应力钢棒安装

材料称量误差为砂、石：±2%；水泥、粉煤灰、水、减水剂、干燥状态的掺和料：±1%。

每班拌制的混凝土前3罐必须测定混凝土坍落度，以后每5罐测定一次，并做好记录。若对混凝土搅拌质量有怀疑应立即测定其坍落度。

混凝土的搅拌：搅拌混凝土的下料顺序为先下细骨料、水泥、掺合料和减水剂，搅拌均匀后，再加入所需用量的水，待砂浆充分搅拌后再投入粗骨料，并继续搅拌至均匀为止，且混凝土必须搅拌均匀，颜色一致。

混凝土灌注必须一次成型，不得增补或接长，采取混凝土从模型一端向另一端纵向延伸的办法布料；混凝土浇筑分两层连续进行，布料均匀，严禁浇筑间隔超过混凝土的初凝时间。在浇筑混凝土过程中，采用附着式高频振捣机进行振捣，第一层布料完成后，振捣 90 s 左右后再放入另一半混凝土；第二次振捣过程中注意将局部多余混凝土除掉，混凝土不够的地方及时补料、振平。

混凝土浇筑温度必须进行严格控制，在夏季的浇筑温度必须控制在 30 ℃ 以内，骨料、水泥及拌和水应进行遮盖，避免长时间日照，冬季浇筑温度应控制在 30 ℃，应做好骨料、水泥和水的保温工作，并用蒸汽对模板进行预热。

振动后用抹子抹平混凝土表面，注意填边填角，表面抹平但不进行压光处理，终凝前严禁踩踏；收完面后，将侧模、端模边上等处的混凝土刮干净或者用棉纱擦拭干净。

混凝土运输采用运输车配合料斗运输，装料前应仔细检查料斗有无润湿、积水、料斗内壁黏附的混凝土是否清除干净；配置混凝土运输车、料斗数量需要满足运输能力、混凝土凝结速度和浇筑速度的需要，保证浇筑过程连续进行；运输途中应确保混凝土不得发生离析、漏浆、严重泌水及损失过多现象，当运至浇筑地混凝土发生离析现象时，应在浇筑前对混凝土进行二次搅拌，但不得再次加水。

（2）混凝土入模

① 混凝土入模时的温度宜控制在 10～20 ℃ 范围内，夏季混凝土的入模温度控

制在 35 ℃以下。混凝土入模如图 2.12 所示。

②浇筑混凝土前应检查钢筋骨架、塑料套管、螺旋筋、起吊螺母等预埋件状态，确认符合要求后方可进行混凝土浇筑。

③每块板的混凝土应一次浇筑完成，采用底振结合面振工艺将混凝土振捣密实，以表面泛浆，混凝土不再下沉、无气泡溢出为标准，保证产品内实外美。

图 2.12　混凝土入模　　　　　　　图 2.13　混凝土抹面

④每班轨道板生产应在混凝土浇筑时随机取样制作 5 组 10 cm×10 cm×10 cm试件，用于检查混凝土脱模强度、张拉强度和 28 d 强度。制作 2 组 10 cm×10 cm×30 cm试件，用于检测张拉弹性模量和 28 d 弹性模量。

⑤混凝土抹面应以侧模内腹板顶面为基准，抹面应平整、光滑，无波浪现象，如图 2.13 所示。

4)养护

为加快模型周转，减少模型投入，轨道板通常采用蒸汽养护。蒸汽养护时，升温、降温速度不宜超过每小时 10 ℃，最高温度不大于 45 ℃。养护结束后，轨道板表面温度与环境温度差在 15 ℃以下方可揭开篷布，以防轨道板产生裂纹。

5)脱模

混凝土达到规定的脱模强度后，方可脱模。拆除所有预埋件固定螺栓、预应力钢筋张紧装置，然后利用钢模水平丝杆将侧模和端模拆除，最后拆除内模定位螺栓。用专用起吊装置将轨道板缓慢吊离模型，起吊过程中，不得使轨道板受到振动和冲击，如图 2.14 所示。轨道板脱模

图 2.14　脱模

后应进行保湿养护。轨道板脱模后,按照标准要求进行外形外观质量检查。

6)预应力施工

当混凝土强度及弹性模量达到设计要求后,施加预应力,如图2.15。张拉控制以油表读数为主,伸长值作校核。张拉完成24 h后切割钢棒,将锚穴四周凿毛处理,采用无收缩聚合物混凝土封堵锚穴,锚穴封端如图2.16所示。

图2.15 轨道板双向施加预应力

图2.16 锚穴封端

7)轨道板的养护与存放

在轨道板完成张拉封锚作业以后,在作业区利用龙门吊将轨道板单侧垂直吊装进养护池作浸泡养护,如图2.17所示,完成三天的浸泡养护后,再吊装至储存区存放。

轨道板存放场地应平整坚固,以防止不均匀沉降。轨道板一般采用横向立放,短时间存放也可采用平放。轨道板采用立放时应用连接螺栓板和连接螺栓将紧邻两块轨道板连接,使轨道板堆放成一整体,轨道板堆放端头应有良好的防倾倒支撑架,第一块轨道板连接在支撑架上。平放时最多可放4层,并按要求放置支垫物,支垫物上下对齐,如图2.18所示。

图2.17 轨道板水池养护

图2.18 轨道板的存放

8) 轨道板质量检验

① 轨道板制造应符合《客运专线铁路 CRTS Ⅰ型板式无砟轨道混凝土轨道板暂行技术条件》(科技基〔2008〕74 号)的规定。

② 轨道板制造厂应对每块轨道板编号,并提供《轨道板制造技术证明书》,进场时对照设计图纸复核轨道板型号。

③ CRTS Ⅰ型轨道板主要尺寸偏差及外观质量应符合表 2.2 的规定。

表 2.2　CRTS Ⅰ型轨道板(有挡肩)主要尺寸偏差及外观质量要求

序号	检查项目	允许偏差(mm)
	外形尺寸	
1	长度	±3
2	宽度	±3
3	厚度	0,+3
4	保持轨距的两套管中心距	±1.5
5	标记线(板中心线)位置	±1
6	板顶面单侧承轨面中央翘曲量	≤3
	外观质量	
7	肉眼可见裂纹(预应力轨道板)	不允许
8	承轨部位的表面缺陷(气孔、黏皮、麻面等)	长度≤20、深度≤5
9	轨道板四周棱角破损和掉角	长度≤50
10	预埋套管内混凝土淤块	不允许

2.1.4　CRTS Ⅰ型轨道板的铺设

1. 工艺流程

CRTS Ⅰ型板式无砟轨道施工工艺流程如图 2.19 所示。

2. 主要施工装备

CRTS Ⅰ型板式无砟轨道主要施工装备:混凝土搅拌站、混凝土运输车、混凝土输送泵、钢筋加工设备、轨道板运输车、龙门吊、水泥乳化沥青砂浆搅拌灌注设备、轨道板精调装置、检测测量仪器等。

3. 主要工艺及质量要求

1) 混凝土底座及凸形挡台施工

混凝土底座及凸形挡台施工基本工艺流程如图 2.20 所示。

(1) 测量放样、基底处理

```
铺设条件评估及接口条件验收 → 施工准备 ← CPⅢ测设及评估
                              ↓
                    混凝土底座及凸形挡台施工
                              ↓
                      轨道板铺设 ← 轨道板运输
                              ↓
                    板下充填层砂浆施工 ← 灌注袋铺设
                              ↓
                      凸形挡台树脂灌注
                              ↓
                        质量检查
```

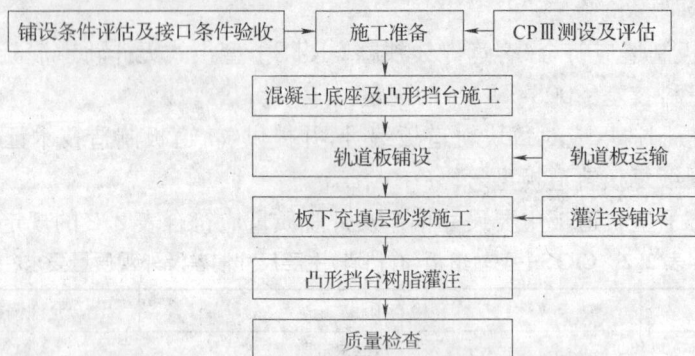

图 2.19　CRTS Ⅰ 型板式无砟轨道施工工艺流程

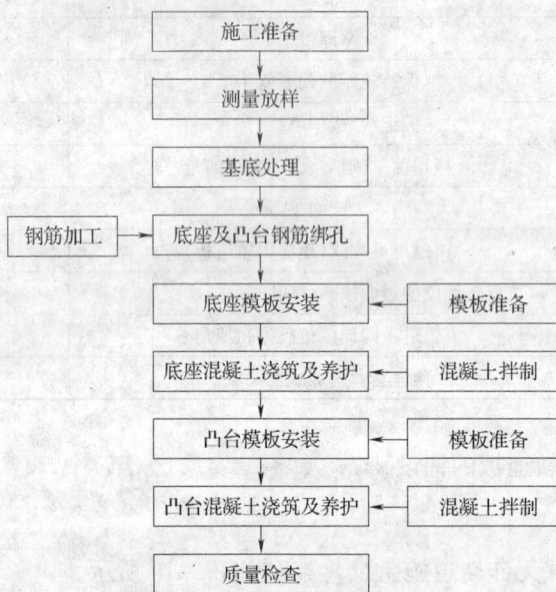

```
                        施工准备
                          ↓
                        测量放样
                          ↓
                        基底处理
                          ↓
        钢筋加工 → 底座及凸台钢筋绑扎
                          ↓
              底座模板安装 ← 模板准备
                          ↓
            底座混凝土浇筑及养护 ← 混凝土拌制
                          ↓
              凸台模板安装 ← 模板准备
                          ↓
            凸台混凝土浇筑及养护 ← 混凝土拌制
                          ↓
                        质量检查
```

图 2.20　混凝土底座及凸形挡台施工基本工艺流程图

　　为了保证底座与下部构筑物的有效连接,梁面及隧道仰拱回填层表面应进行拉毛或凿毛处理。底座施工前应清理基础面杂物,确保基础面清洁、无积水,再次检查基础面预埋件状态,复测基础面中线、高程、平整度。然后根据 CPⅢ 控制点采用全站仪自由设站进行底座及凸形挡台中心点平面位置放样。

　　(2)底座及凸形挡台钢筋绑扎

　　根据设计图纸编制底座钢筋骨架,并放好钢筋保护层垫块。将底座结构钢筋与

基础预埋的连接钢筋、凸形挡台连接钢筋相连。钢筋骨架绑扎应牢固。底座及凸台钢筋施工如图 2.21 所示。

（3）底座模板安装

按设计位置与高程支立底座模板。底座和凸形挡台模板应采用全站仪和水准仪根据 CPⅢ 点放样。曲线地段模板高度应满足曲线超高的设计要求，曲线地段放样时，应注意超高旋转造成的轨道中心线平面位移及外侧模板的超高设置。线路位于直线段时，底座表面中心线与设计的中心线是一致的，但出现曲线超高时，两者由于旋转发生位移而有所不同。因此混凝土底座中线位置应考虑向外的偏移量，凸形挡台应考虑竖向的偏移。超高为 110 mm 地段偏移量如图 2.22 所示。

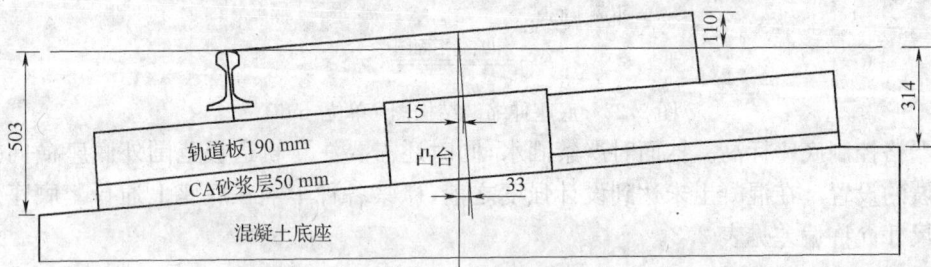

图 2.21　底座及凸形挡台钢筋施工

图 2.22　超高为 110 mm 地段偏移量(单位:mm)

底座伸缩缝宽 20 mm,伸缩缝对应凸形挡台中心并绕过凸形挡台,伸缩缝下部采用聚乙烯发泡板填充,上部 50 mm 范围采用改性沥青软膏封闭;伸缩缝的设置与行车方向有关,如图 2.23 所示;通常左右线伸缩缝方向正好相反。底座伸缩缝板应统一加工制作,尺寸根据基面横坡与设计高程确定,并进行防腐处理。安装时应确保位置准确、固定牢靠,防止伸缩缝板上浮。

（4）底座及凸形挡台混凝土浇筑

检查模板、钢筋网及预埋件等位置、形态,确认符合要求后浇筑底座混凝土。混凝土在拌和站集中生产,采用专用运输车运输,汽车泵送灌注。混凝土浇筑完成后,应仔细将混凝土暴露面压实抹平。由于底座标高直接决定后期砂浆的灌注厚度,为了保证砂浆厚度在 40～100 mm(减振板 35～80 mm)之间,并从成本节约角度考虑,

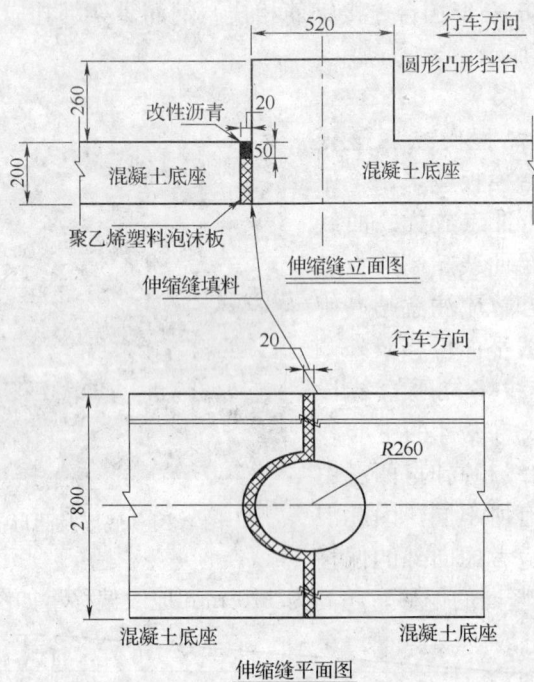

图 2.23　底座伸缩缝结构图（单位:mm）

应严格控制底座标高。抹面时严禁洒水,同时还需要注意轨道板范围外底座横向排水坡的设置。在混凝土未达到设计强度之前,严禁各种车辆在底座上通行。底座外形尺寸允许偏差见表 2.3。

表 2.3　底座外形尺寸允许偏差

序　号	项　目	允许偏差(mm)
1	顶面高程	±5
2	宽度	±10
3	中线位置	3
4	平整度	10/3 m
5	伸缩缝位置	10

在底座拆模后 24 h,进行凸形挡台的施工。凸形挡台混凝土浇筑前,应将凸形挡台位置的底座表面凿毛,确保新旧混凝土的有效连接。凸形挡台外形尺寸允许偏差见表 2.4。施工完成的底座和凸形挡台如图 2.24 所示。

表 2.4 凸形挡台外形尺寸允许偏差

序号	项　　目	允许偏差（mm）
1	圆形挡台的直径	±3
2	半圆形挡台的半径	±2
3	中线位置	3
4	挡台中心间距	±5
5	顶面高程	+5

图 2.24　施工完成的底座和凸形挡台

2）轨道板铺设

轨道板铺设基本工艺流程如图 2.25 所示。

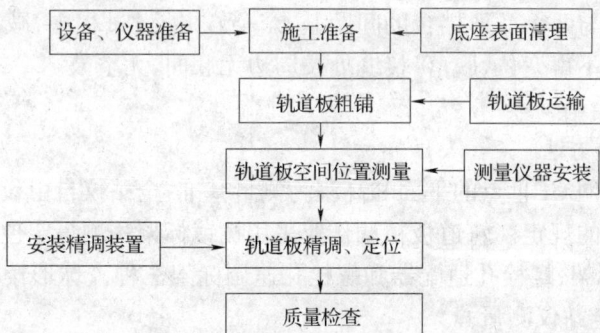

设备、仪器准备 → 施工准备 ← 底座表面清理

轨道板粗铺 ← 轨道板运输

轨道板空间位置测量 ← 测量仪器安装

安装精调装置 → 轨道板精调、定位

质量检查

图 2.25　轨道板铺设基本工艺流程

（1）轨道板运输

轨道板可采用铁路和公路运输。对于公路运输，施工前应对行驶路线进行调查，确保最不利的限界可以满足运输需要，并尽量选择较平顺的道路。运输前应确保装车平稳，捆绑牢固，严禁三点支撑。轨道板应对称装载，每层之间采用方木在起吊螺母处支垫，装载高度不得超过 4 层，并进行加固，保证运输过程中不发生相对位移。轨道板装卸时应利用轨道板上的起吊装置将其水平吊起，使四角的起吊螺母均匀受力，严禁碰、撞、摔。

（2）轨道板粗铺

轨道板宜采用专用机械铺设，粗铺前，应复测底座、凸形挡台平面位置及高程，并将底座表面清理干净，保证无残渣、积水等。在两凸形挡台间的底座表面放置支承垫木（尺寸宜为 50 mm×50 mm×300 mm），轨道板起吊并移至铺板位置后，施工人员扶稳轨道板，将其缓慢落在预先放置的支撑垫木上。轨道板吊装就位如图 2.26 所示。

图 2.26　轨道板吊装就位

　　轨道板铺设时应防止轨道板撞击凸形挡台，并保证轨道板中心线与两凸台中心连线基本吻合且与两个凸形挡台的间距基本一致。铺设过程中，减振型轨道板板底粘贴的橡胶垫层不得变位、脱落，接缝处及周边无翘曲、无空鼓。

　　(3)轨道板精调

　　① 精调定位方法

　　以轨道控制网 CPⅢ点的平面和高程为测量基准，全站仪自由设站应符合高速铁路测量相关标准的规定。轨道板精调作业采用棱镜标架法测量定位。棱镜标架法测量装置有 T 形标架、螺栓孔适配器和螺栓孔速调标架三种。球形棱镜安放在测量机械装置上，用于全站仪测量。

　　② T 形标架或螺孔适配器法轨道调整定位步骤

　　T 形标架法轨道精调如图 2.27 所示，螺孔适配器法轨道精调如图 2.28 所示。

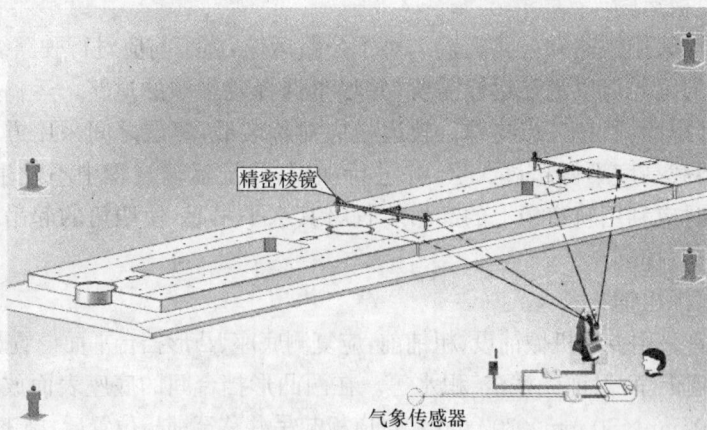

图 2.27　T 形标架法轨道精调示意图

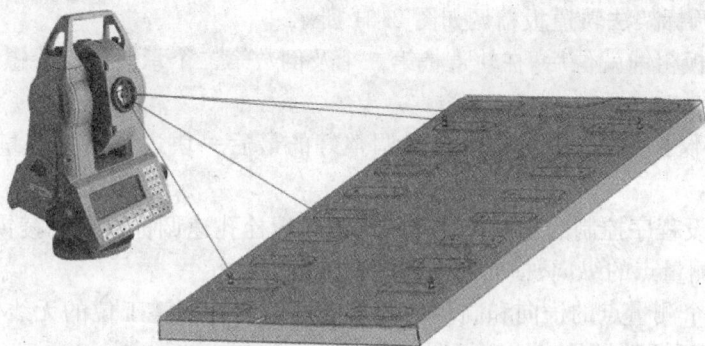

图 2.28 螺孔适配器法轨道精调示意图

　　a. 轨道板粗铺就位后,在板上的 V 形槽标记处安装 T 形标架,或在规定螺栓孔位置安插螺栓孔定位适配器。T 形标架如图 2.29 所示,螺孔适配器与球形棱镜如图 2.30 所示。

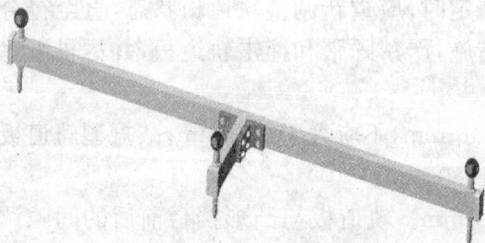

图 2.29　T 形标架

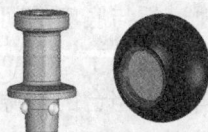

图 2.30　螺孔适配器与球形棱镜

　　b. 用已设程序控制的全站仪测量放置在标架或适配器上的四个棱镜,获取四个工位的调整量。

　　c. 按照四个显示器上的调整量,使用轨道板专用调整机具将轨道板调整到位。

　　d. 重复步骤 b 和 c,直至满足轨道板铺设允许偏差的要求。

　　e. 轨道板的状态调整到位后,将支承螺栓拧入轨道板的预埋螺栓孔内,并支承在混凝土底座上。

　　③ 螺孔速调标架法轨道板调整定位步骤

图 2.31　螺孔速调标架法轨道板精调

螺孔速调标架法轨道板精调如图 2.31 所示。

a. 轨道板粗铺就位后,在轨道板第二个及倒数第二个承轨台放置螺栓孔速调标架,注意定位方向一致。

b. 全站仪换站时,应对上一测站调整好的最后一块进行搭接测量,消除错台误差。

c. 用已设程序控制的全站仪自动精确测量螺栓孔速调标架上的棱镜坐标,并计算出这 4 个测量点的纵向、横向和高程的调整量。

d. 将 4 个测量点的横向和高程的调整量发送到各调整工位的无线信息显示器上,使用轨道板调整机具将轨道板调整到位。

e. 重复步骤 c 和 d,直到轨道板的状态精确调整到位。

④ 轨道板精调应符合下列规定

一个测站精调长度宜为 6～10 块板。换站后应对上一测站精调的最后一块轨道板进行检测。轨道板精确调整后,将支承螺栓拧入轨道板的预埋螺栓孔内,并支承在底座混凝土上。复测轨道板状态,不符合规定时,应重新调整轨道板状态,直至符合精度要求。调整好的轨道板,应采取防护措施,严禁踩踏和撞击轨道板,并尽早灌注水泥乳化沥青砂浆。

普通型轨道板与底座的间隙不应小于 40 mm,不应大于 100 mm;减振型轨道板与底座的间隙不应小于 35 mm,也不得大于 80 mm。

轨道板与凸形挡台的间隙不得小于 30 mm。轨道板与凸形挡台前后的间隙调整精度应满足图 2.32 所示 A、B 的位置关系:$|A-B| \leqslant 5$ mm。

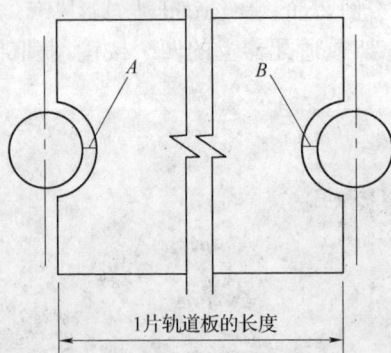

图 2.32　轨道板与凸形挡台的间隙调整精度

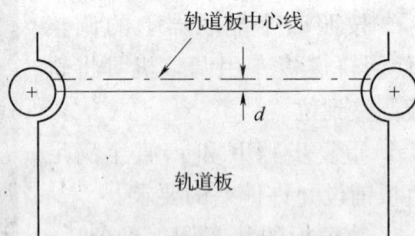

图 2.33　直线地段轨道板
左右方向的调整精度

直线地段轨道板左右方向的调整精度如图 2.33 所示 d 的位置关系:$d \leqslant 2$ mm。
曲线地段轨道板调整时,将轨道板向曲线外侧移动正矢的 1/2,如图 2.34 所示。

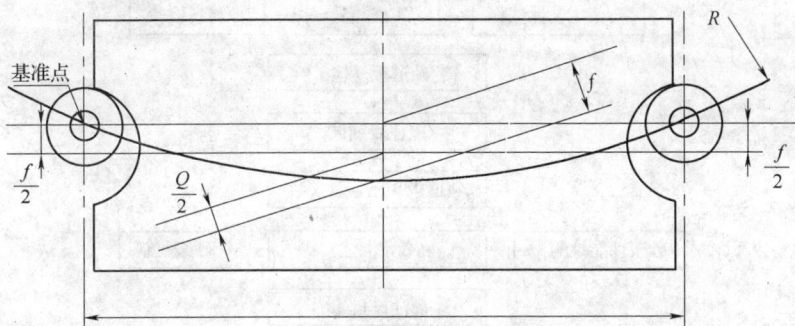

图 2.34　曲线地段轨道板调整

轨道板高低的调整精度应满足图 2.35 所示 d 的位置关系：$-1\ mm \leqslant d \leqslant +1\ mm$。

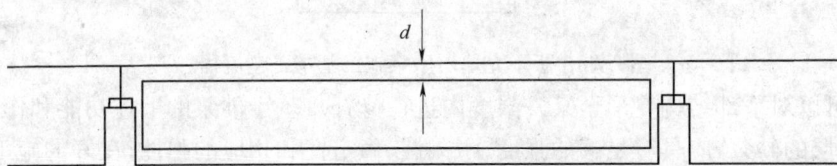

图 2.35　轨道板高低的调整精度

轨道板铺设位置的允许偏差应符合表 2.5 的规定。

表 2.5　轨道板铺设位置的允许偏差

序　号	项　目	允许偏差(mm)
1	中线位置	2
2	测点处承轨面高程	±1
3	相邻轨道板接缝处承轨面相对横向偏差	2
4	相邻轨道板接缝处承轨面相对高差	2

3)板下充填层砂浆施工

板下充填层砂浆施工基本工艺流程如图 2.36 所示。

(1)CA 砂浆原材料检验及砂浆工艺性试验

水泥乳化沥青砂浆与一般工程所用的水泥砂浆不同，它是由乳化沥青和水、水泥、细骨料等混和而成的，属于水泥系注入材料和沥青系注入材料的中间领域的注入材料，是利用沥青的弹性和水泥的强度、耐久性和刚性而构成的半刚性体的胶泥。作为板式轨道填充层材料的水泥乳化沥青砂浆具有以下功能和作用：可完全填满轨道板和混凝土底座(支承层)的间隙；起到支撑、承力、传力的作用；可提供适当的刚度和

```
砂浆工艺性试验 → 施工准备 ← 原材料检验
                    ↓
               轨道板复检
                    ↓
               灌注袋铺设
                    ↓
            轨道板扣压装置安装
                    ↓
砂浆性能检测 →  砂浆灌注  ← 砂浆配制
                    ↓
               灌注口封闭
                    ↓
               清洁、整理
                    ↓
               砂浆养护
                    ↓
               质量检查
```

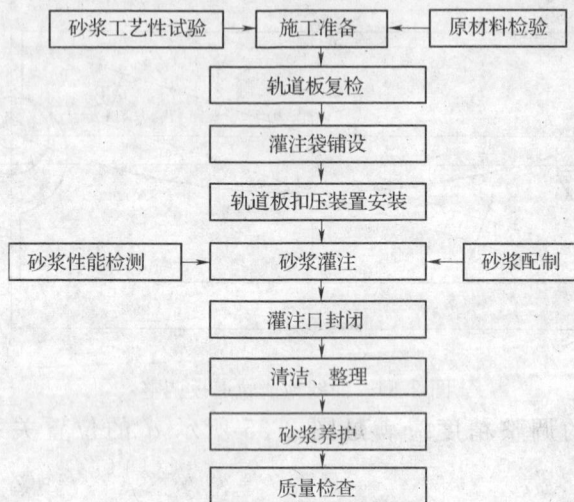

图 2.36 板下充填层砂浆施工基本工艺流程

弹性;可以对下部结构变形至某一限度内进行修补。基于砂浆的上述功能和作用,作为填充层的砂浆,应具有足够的强度、耐久性、稳定性和相应的弹性,良好的施工性和可维修性。因此 CA 砂浆的关键指标是:抗压强度、弹性模量、流动度、抗冻性、耐候性和膨胀率。

水泥乳化沥青砂浆所使用的原材料应有质量合格证明文件,材料进场后应严格按照科技基〔2008〕74 号《客运专线铁路 CRTS Ⅰ 型板式无砟轨道水泥乳化沥青砂浆暂行技术条件》的要求进行原材料检验,合格后方可使用。

水泥乳化沥青砂浆配合比分理论配合比、初始配合比、基本配合比、施工配合比,其施工配合比选定应通过砂浆工艺性试验确定。

① 无砟轨道施工前,施工单位在理论配合比的基础上根据水泥乳化沥青砂浆原材料特性、气候条件、施工组织及工艺要求等影响因素,进行试验,确定砂浆初始配合比。

② 现场配制 CA 砂浆前,采用初始配合比进行工艺性放大试验,并经型式检验确定砂浆基本配合比、拌制工艺参数、灌注工艺参数。

③ 施工前应在基本配合比的基础上,根据砂浆拌制设备性能、现场施工气温条件、原材料含水率等指标,通过试拌、拌和物测试,确定砂浆的施工配合比。施工配合比应在基本配合比允许范围内。

④ 每台水泥乳化沥青砂浆搅拌车在每条线正式投入使用前均应作适应性试验。

（2）轨道板复检

板下充填层施工前，应对轨道板的安装质量、底座板与轨道板间的间隙高度、凸台与轨道板间的间隙宽度等进行复检。砂浆灌注袋铺放前，应清理底座混凝土表面，底座表面应无杂物、积水。

（3）灌注袋铺设

① 水泥乳化沥青砂浆用灌注袋材料应采用聚酯无纺布，灌注袋应按《客运专线铁路CRTS Ⅰ型板式无砟轨道水泥乳化沥青砂浆和凸台树脂用灌注袋暂行技术条件》（科技基〔2008〕74号）的规定进行进场检验，符合要求后，方可使用。

② 根据轨道板尺寸及填充厚度选择合适的灌注袋，使水泥乳化沥青砂浆的灌注达到轨道板的底面。

③ 灌注袋应平整地铺设在混凝土底座上，平展无褶皱，保证四边、对角对称，距离轨道板内外侧距离相同，灌注袋的U形边切线应与轨道板边缘平齐，铺设允许偏差应小于10 mm。直线地段灌注口朝轨道外侧，曲线地段灌注口均朝曲线内侧。检查灌注袋的完好性，避免将破损或有缺陷的灌注袋用于灌注。

④ 灌注袋铺设完成后，使用胶带等进行固定，防止其移动。外轨超高区段，应在轨道板曲线内侧面设置壁板，防止因水泥沥青砂浆的流动压力使得灌注袋从轨道板的侧面突出。

（4）轨道板扣压装置安装

轨道板通过精调定位，在砂浆灌注前需要安装防止轨道板上浮和侧移的扣押装置。灌注袋和轨道板扣压装置安装如图2.37所示。

图 2.37 灌注袋和轨道板扣压装置安装

（5）CA砂浆的配制和性能检测

① CA砂浆的配制

由于水泥和乳化沥青一经混合就起反应，致使黏度逐渐增大，因此 CA 砂浆所能获得的流动时间即可使用时间比一般的水泥砂浆短。CA 砂浆的流动性受气温、配合比以及搅拌设备和工艺的影响，故 CA 砂浆必须在现场进行配合、搅拌、注入等作业。水泥沥乳化青砂浆采用移动搅拌车拌制、灌注法施工。CA 砂浆搅拌车如图 2.38 所示。

图 2.38　CA 砂浆搅拌车

CA 砂浆现场拌制工艺流程如图 2.39 所示。

水泥乳化沥青砂浆拌制采用经铁道部工管中心审核验证的水泥乳化沥青砂浆拌制车拌制，砂浆搅拌时的材料投入顺序、搅拌速度、搅拌时间等指标要通过线外试验所确定的参数进行设定，现就所用砂浆车中联重科Ⅰ/Ⅱ-S-L-800 型为例，操作方法如下(仅供参考，根据不同砂浆车选用)：

例某高速铁路根据线下充填层砂浆性能测试和多次揭板检验，确定 CA 砂浆施工配合比见表 2.6。

图 2.39　CA 砂浆现场拌制工艺流程图

表 2.6　某高速铁路 CA 砂浆施工配合比(1 m³)

原材料	乳化沥青	干粉料	引气剂	消泡剂	水
初始配比	504 kg	946 kg	3.95 kg	79 g	44 kg(14%)

砂浆车搅拌工艺参考流程(根据不同配方选用)(0.7 m³)如图 2.40 所示。

a. 开启搅拌机，转速在 0~30 r/min，将乳化沥青按照设计计量量泵送入搅拌机，同时将水、消泡剂按照设定计量注入搅拌机，持续搅拌 30 s，以使消泡剂充分消除乳化沥青搅拌过程中产生的大气泡；

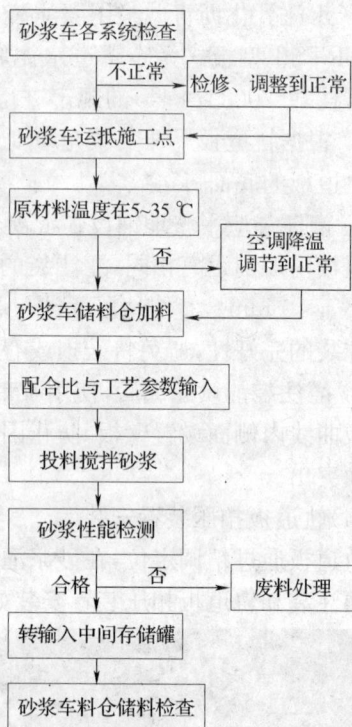

注：其他方量应根据具体情况，通常通过调节四速搅拌来控制。

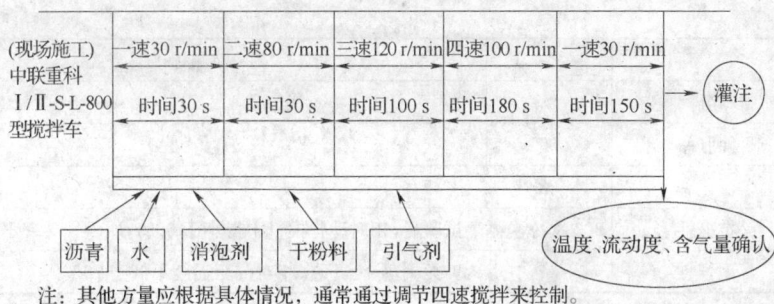

图 2.40 砂浆车搅拌工艺参考流程

b. 将转速调到 30～80 r/min,加入干粉料,持续搅拌 30 s;

c. 将转速调到 80～120 r/min,加入引气剂,持续搅拌 100 s,以使引气剂向砂浆中引入微小的气泡,提高砂浆的抗冻性和耐久性;

d. 将转速从 120 r/min 调到 100 r/min,持续搅拌 180 s,

e. 将转速调到 30 r/min,持续搅拌 150 s,进行水泥乳化沥青砂浆温度、流动度、含气量测试,测试正常则准备灌注;如果流动度低于标准值或含气量高于标准值则水泥乳化沥青砂浆作废。

② CA 砂浆性能检测

正式灌注前第一次先拌制 0.3 m³ CA 砂浆,现场进行砂浆温度、流动度及含气量检测,检测合格后方能灌注;及时采集试样进行膨胀率、泛浆、强度试验并记录结果。砂浆性能检测如图 2.41 所示。水泥乳化沥青砂浆性能检测标准见表 2.7。

表 2.7 水泥乳化沥青砂浆性能检测标准

序号	项 目		单 位	检测标准
1	砂浆温度		℃	5～40
2	流动度		s	18～26
3	可工作时间		min	≥60
4	含气量		%	8～12
5	单位容积质量		kg/m³	＞1.3
6	抗压强度	1 d	MPa	＞0.10
		7 d		＞0.70
		28 d		＞1.80
7	弹性模量(28 d)		MPa	100～300

续上表

序号	项 目	单 位	检测标准
8	材料分离度	%	<1.0
9	膨胀率	%	1.0～3.0
10	泛浆率	%	0
11	抗冻性		300 次冻融循环试验后,相对动弹模量不得小于 60%,质量损失率不得大于 5%
12	耐候性		无剥落、无开裂、相对抗压强度不低于 70%

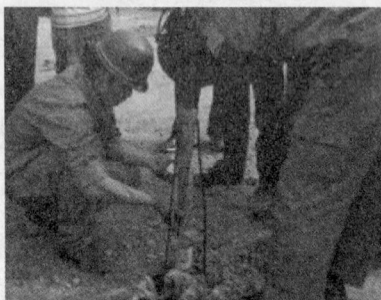

流动度检测

含气量检测

泛浆率、膨胀率试验

图 2.41　砂浆性能检测

(6)砂浆灌注

① CA 砂浆灌注方法

充填层砂浆施工前,应对轨道板的安装质量、底座板与轨道板间的间隙高度、凸台与轨道板间的间隙宽度等进行复检,并安装防止轨道板上浮和侧移的扣压装置。采用 CA 砂浆灌注袋施工方式。CA 砂浆灌注如图 2.42 所示。CA 砂浆灌注前用塑料薄膜或土工布将轨道板保护好,避免被砂浆污染。CA 砂浆拌制完成后先注入中转罐继续搅拌,待灌注软管连接好后,缓慢打开中转罐灌注阀门,使砂浆徐徐地连续

注入灌注袋中,灌注时间应控制在 5～80 min 为宜,灌注节奏:慢—快—慢。当灌注袋的各个袋角砂浆充填饱满且灌注袋口砂浆不再流动时,说明砂浆灌注达到饱满度要求,即可关闭阀门,停止灌注,灌注作业完成。灌注完成后将袋口用尼龙绳扎紧,如图 2.43 所示。在袋口中多留一些砂浆。分离灌注软管和袋口,用支撑架支撑灌注袋口,将其竖起。绑扎时应特别注意不得损伤灌注口。灌注结束后 20～40 min 内,如果灌注袋四角砂浆充填欠饱满,可将灌注袋口内的砂浆适当地挤入灌注袋,不宜太多,完成后用夹具封住袋口根部。

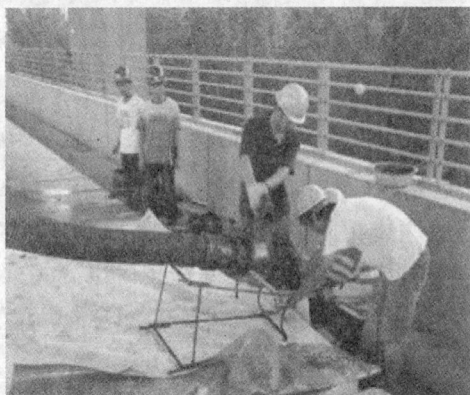

图 2.42　CA 砂浆灌注　　　　　　图 2.43　灌注袋口板扎

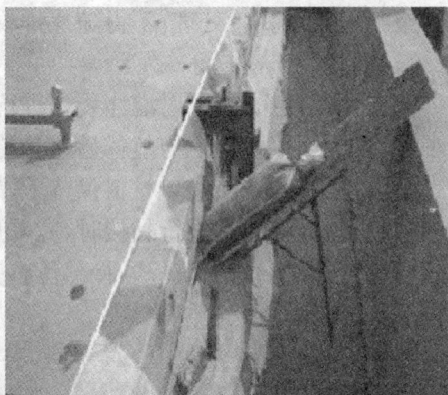

施工中应采取相应的安全保护措施避免人体直接接触砂浆,施工过程中产生的污水及废料应集中妥善处理,不得随意排放或丢弃。

② CA 砂浆灌注质量控制要点

板下充填层施工环境温度应在 5～35 ℃范围内。当天最低气温低于－5 ℃时,全天不得进行砂浆灌注。雨天不宜进行灌注。

轨道板状态调整好后,应及时灌注水泥乳化沥青砂浆。间隔时间较长时,应对轨道板进行覆盖、防晒。环境温度变化超过 10 ℃,或受外力使轨道板位置发生变化时,必须重新检查和调整轨道板。

灌注前,再次确认轨道板状态,检查灌注袋的位置,并在轨道板表面铺设塑料薄膜,防止轨道板受到污染。

每块轨道板下面的砂浆应一次灌注完成。曲线地段,砂浆按由低向高的方向进行灌注,以利于砂浆排气;同时,在灌注过程中,施工人员要观察灌注袋褶皱及移位情况,及时解决并防止灌注时产生的压力导致灌注袋移位。砂浆灌注时,可有少量的水渗出,但不得有乳化沥青和 P 乳液等渗出。

砂浆宜匀速、连续注入,防止产生气泡。当轨道板边砂浆灌注厚度达到施工控制

值且完全覆盖轨道板底面后,结束灌注。水泥乳化沥青砂浆的灌注应充分饱满。

灌注过程中,严禁踩踏轨道板,并由专人在轨道板四角进行监控,防止轨道板受力偏斜,并监测轨道板顶面高程。

灌注结束后,在水泥沥青砂浆凝固之前,将灌注口内的砂浆挤入灌注袋,直至轨道板的支撑螺栓稍微松动。灌注口内的砂浆不够时,应补充挤入。挤入结束后,用U形夹具封住灌注口的根部。

砂浆充填层施工中,应采取相应安全保护措施避免人体直接接触砂浆,产生的污水及废料应集中妥善处理,不得随意排放或丢弃。

(7)灌注袋口密封

当支撑螺栓撤除后,对灌注袋口进行密封。拆除袋口夹具,将灌注袋口多余的砂浆凿除,凿除面尽量保证与整体砂浆边缘平齐,但袋口要留有2~3 cm,然后把袋中的杂物清理干净,并使袋口材料保持干燥,然后用105胶将其黏接。如果在凿除过程中,袋口材料损坏无法进行黏接时,应采用与灌注袋相同材料把袋口部位包裹后,整体进行黏接,黏接时,要确保黏接部位整齐,并将四周黏接牢固。灌注袋口切边、密封如图2.44所示。

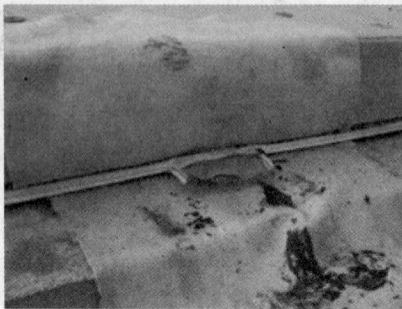

灌注袋口切边   灌注袋口密封

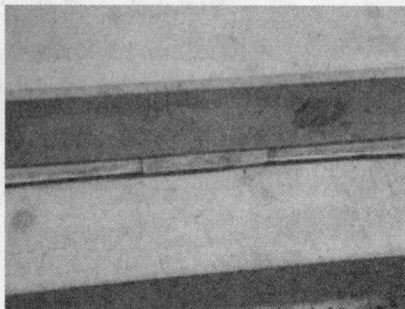

图2.44 灌注袋口切边、密封

(8)砂浆养护

① 砂浆灌注完成后,一般采用自然养护。

② 当日最低气温在0 ℃以下时,应对新灌注的砂浆采取适当的保温措施。

③ 砂浆层强度达到0.1 MPa以上后,撤除轨道板的支撑螺杆,并切断灌注口,切口应整齐并按要求将灌注口封闭。砂浆灌注完成7 d以上或抗压强度达到0.7 MPa以上后,轨道板上方可承重。

水泥乳化沥青砂浆灌注后应与轨道板密贴,轨道板边角悬空应小于50 mm。

板下充填层施工中,应采取相应安全保护措施避免人体直接接触砂浆。在作业

暂时停止或完成时,应对搅拌机等机具进行清洗,洗涤水和水泥沥青砂浆残料的废弃物应运送到统一地点进行妥善处理。未达标的废弃物不允许随意排放,产生的污水及废料应集中妥善处理,不得随意排放或丢弃。

4)凸形挡台树脂灌注

在轨道板底 CA 砂浆固化、轨道板支撑螺栓拆除后,就可以灌注凸形挡台周围填充树脂。填充树脂应在现场配制,采用灌注袋灌注。凸形挡台树脂灌注基本工艺流程如图 2.45 所示。

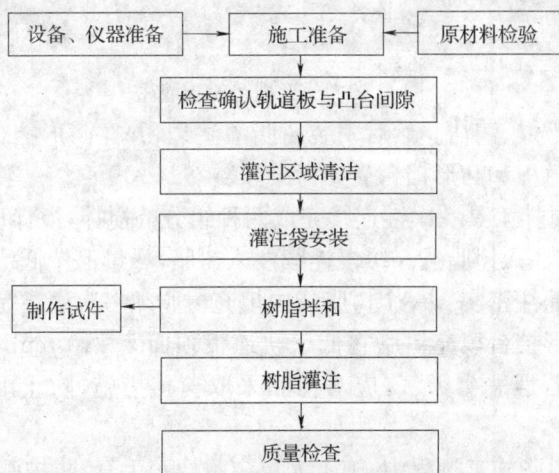

图 2.45 凸形挡台树脂灌注基本工艺流程

(1)填充树脂原材料

凸形挡台树脂原材料、技术要求、技术性能应符合《客运专线铁路 CRTS Ⅰ 型板式无砟轨道凸形挡台填充聚氨酯树脂(CPU)暂行技术条件》(科技基〔2008〕74 号)的规定。

填充树脂应在现场配制,采用灌注袋灌注。

(2)填充树脂灌注

凸形挡台树脂灌注如图 2.46 所示。

① 灌注树脂应在轨道板下水泥乳化沥青砂浆灌注 24 h 并清洁、整理完毕后进行。凸形挡台树脂施工温度应在 5~40 ℃之间,雨雪天禁止作业。

② 根据树脂材料的可工作时间,确定树脂材料一次的拌和量。按施工配合比准确计量所用树脂材料。

③ 树脂材料灌注前,应再次检查并确认凸形挡台与轨道板间的间距符合设计要求;将凸形挡台周边填充间隙的垃圾、尘土、浮浆等异物处理干净,同时清除水、油类

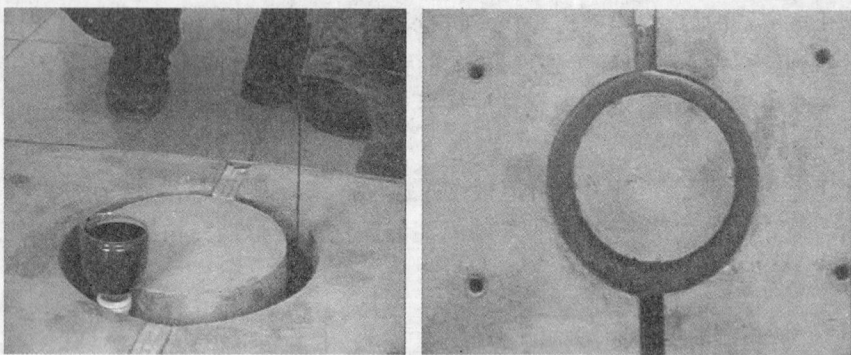

图 2.46　凸形挡台树脂灌注

物质,保证施工面干燥、清洁。然后安装树脂灌注袋,并在凸形挡台及其周围铺设塑料防护垫,防止轨道板和凸形挡台受到污染。

④ 采用专用搅拌工具一次性连续完成两种组分的搅拌,搅拌后的树脂材料必须在有效工作时间内注入树脂袋。缓慢连续注入树脂,尽量保持低位进行灌注作业,防止带入空气,保证灌注密实。一个树脂袋内填充树脂须一次灌注完成。

⑤灌注后,凸形挡台填充树脂宜低于轨道板顶面 5～10 mm,树脂表面应平整、美观。灌注完毕,若遇恶劣天气,应对树脂采取覆盖措施,防止雨水或杂质落入树脂内。

⑥ 挡台填充树脂施工过程中,施工人员应戴橡胶手套、防护眼镜等防护工具,并应禁止烟火。

5)轨道精调整理

铺设无缝线路之后应进行轨道精调整理作业,使线路逐步达到验交标准。轨道精调可分为静态调整和动态调整两个阶段。轨道静态调整应采用轨道几何状态测量仪进行检测,确定轨道几何形位调整量。轨道静态调整符合标准要求后,线路开通前应由轨道动态综合检测车进行动态质量检测(道岔及钢轨伸缩调节器与轨道一并进行),并依据检测数据进行动态调整。

CRTS I 型无砟轨道高低、水平调整可采用充填式垫板进行,充填式垫板的充填厚度为 4～8 mm,其施工图见图 2.47。若轨道调高量超出充填厚度的范围,应在扣件垫板下垫入预制的调高垫板后再安装充填式垫板。

充填式垫板安装时不区分袋的上、下面。直线地段,充填式垫板的灌注口应置于轨道的内侧;曲线超高地段,灌注口应朝曲线内侧,从低侧灌注。充填式挚板插入时,应使其位置印记与轨下胶垫对齐,保证灌注袋的位置准确。灌注袋的形状及灌注口方向如图 2.48 所示。

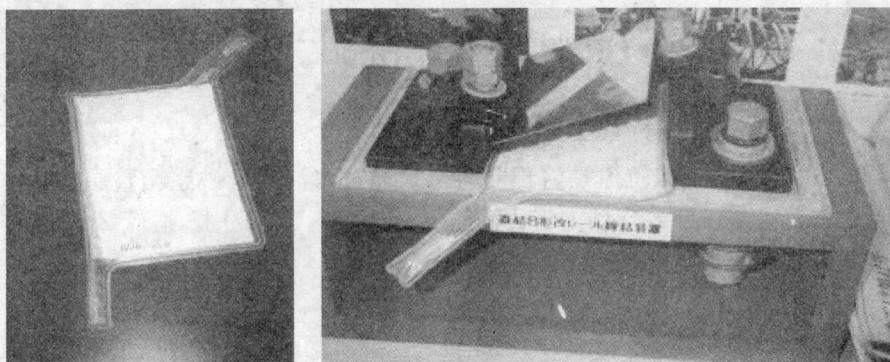

图 2.47 充填式垫板施工

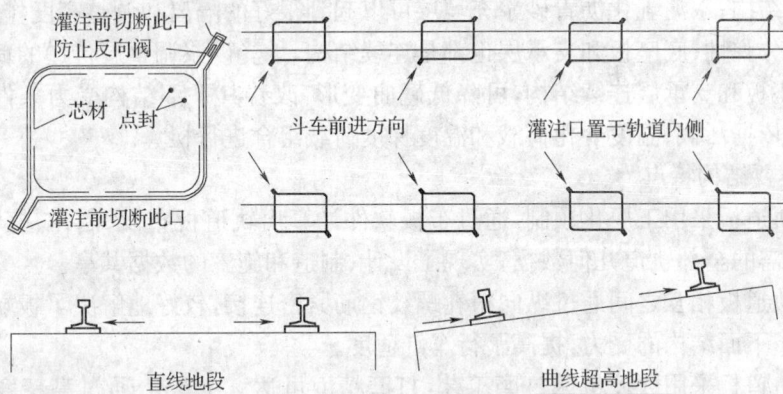

图 2.48 充填式垫板形状及灌注口方向示意

　　充填树脂材料的拌和应根据树脂材料的可工作时间,确定树脂材料一次的拌和量,并按规定的比例准确计量 A 剂和 B 剂。材料开罐后,必须在使用期内使用。充填式垫板的灌注口与排气口必须在树脂灌注前剪开,同时确认灌注袋内无水分。拌和后的混合液应在可使用时间内(液温 20 ℃时的可使用时间约 40~50 min)完成灌注。为防止树脂注入时顶面顶起,注入的压力应严格控制,以 1.5 N/cm² 以下的压力缓慢注入。在确认树脂固化后,方可剪除注入口、排气口,且不得损伤垫板。轨下设置的调整垫块应在充填式垫板注入的树脂材料达到允许可承载时间(约 10 h)后撤出。

2.2 CRTS Ⅱ型板式无砟轨道施工

2.2.1 CRTS Ⅱ型板式无砟轨道道床结构组成及特点

CRTS Ⅱ型板式无砟轨道是将预制轨道板通过水泥沥青砂浆调整层,铺设在现场摊铺的混凝土支承层或现场浇筑的钢筋混凝土底座(桥梁)上,适应 ZPW-2000 轨道电路的连续轨道板无砟轨道结构形式。

1. 结构组成

路基、隧道地段 CRTS Ⅱ型板式无砟轨道主要由钢轨、弹性扣件、预制轨道板、水泥乳化沥青砂浆充填层及支承层(底座)等部分组成。

CRTS Ⅱ型板式无砟轨道其轨道板承受钢轨传递下来的荷载,且将荷载均匀传递到下面结构;水泥乳化沥青砂浆充填层可以起到很好的隔离和调整高度作用,还可以提供部分弹性;底座板和支承层也都是连续结构,承受砂浆调整层传递的荷载。轨道板、底座板和支承层连续结构,可降低翘曲变形,改善其下部结构受力条件。连续结构需要依据活载、温度变化荷载和温度梯度荷载组合进行检算。

2. 主要结构特点

(1)轨道板采用工厂化预制,通过布板软件计算出轨道板布设、制作、打磨、铺设等工序所需的全部轨道几何数据,实现了设计、制造和施工的数据共享。

(2)轨道板相互之间通过纵向精轧螺纹钢筋紧密连接,较好地解决了板端变形问题,改善了下面结构的受力,提高了行车舒适度。

(3)轨道板采用数控机床打磨工艺,打磨精度可达 0.1 mm,通过高精度的测量和精调系统,轨道板铺设后即可获得高精度的轨道几何尺寸,最大限度降低铺轨精调工作,大幅度提高综合施工进度。

(4)桥上底座板不受桥跨的限制,为跨越梁缝的纵向连续结构,桥上的轨道板与路基、隧道内的一致,均为预制轨道板,利于工厂化、标准化生产,便于质量控制,同时简化了轨道板的安装和铺设。

(5)摩擦板、端刺结构是桥上 CRTS Ⅱ型板式无砟轨道系统的锚固体系,通过摩擦板和端刺将温度力和制动力传递到路基。

(6)梁面设置滑动层,隔离桥梁与轨道间的相互作用,以减小桥梁伸缩引起的钢轨和板内纵向附加力,实现大跨连续梁上取消伸缩调节器。

(7)一般情况下,在桥梁固定支座上方,桥梁和底座板间设置剪力齿槽、预埋件,可将所有上部纵向力和横向力传递到桥梁基础。

(8)在梁缝处设置高强度挤塑板,减小梁端转角对无砟轨道结构的影响。

（9）在混凝土底座板或混凝土支承层两侧,限制无砟轨道道床产生侧向或竖向位移。

（10）支承层采用水硬性材料或素混凝土,不需要配筋,结构简单,施工方便,同时可减少工程投资。

2.2.2 CRTSⅡ型板式无砟轨道道床主要结构及技术要求

1. 路基地段 CRTSⅡ型板式无砟轨道

路基地段 CRTSⅡ型板式无砟轨道结构由钢轨、弹性扣件、轨道板、水泥乳化沥青砂浆调整层、支承层等组成,其横断面如图 2.49 所示。

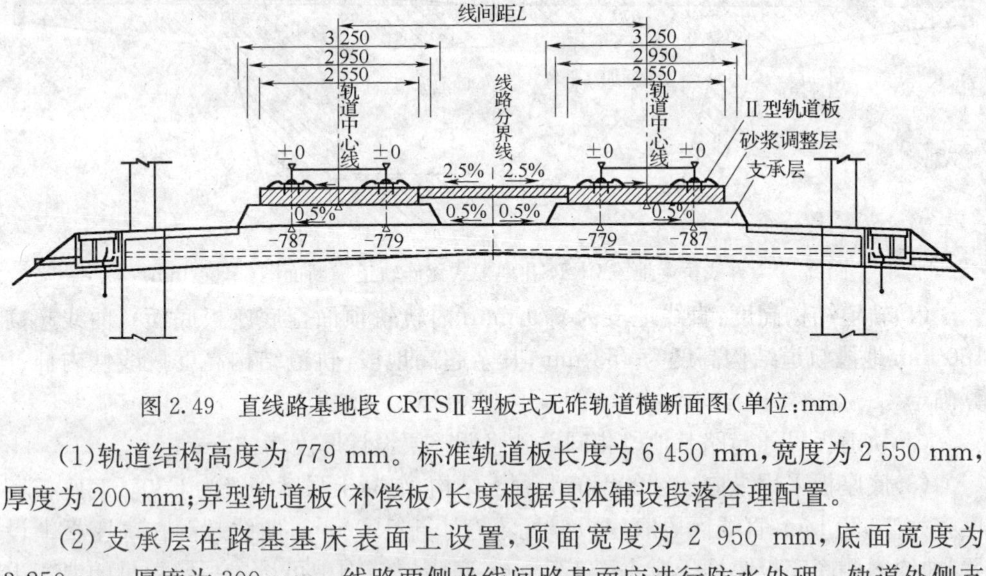

图 2.49　直线路基地段 CRTSⅡ型板式无砟轨道横断面图(单位:mm)

（1）轨道结构高度为 779 mm。标准轨道板长度为 6 450 mm,宽度为 2 550 mm,厚度为 200 mm;异型轨道板(补偿板)长度根据具体铺设段落合理配置。

（2）支承层在路基基床表面上设置,顶面宽度为 2 950 mm,底面宽度为 3 250 mm,厚度为 300 mm。线路两侧及线间路基面应进行防水处理。轨道外侧支承层表面采用乳化沥青进行表面处理。

（3）水泥乳化沥青砂浆调整层厚度为 30 mm。

（4）曲线超高在路基基床表层上设置。

（5）线间排水应结合线路纵坡、桥涵等线路条件和环境条件具体设计。当采用集水井方式时,集水井设置间隔应根据汇水面积和当地气象条件计算确定。

（6）线路两侧及线间路基面应进行防水处理。左右线支承层间填筑矿物混和料,其顶面采用 C25 混凝土封闭。线间 C25 混凝土封闭层最小厚度为 150 mm,直线地段利用线间 C25 混凝土封层上的人字坡向线路两侧排水,曲线地段利用线间集水井进行排水。

2. 桥梁地段 CRTS Ⅱ 型板式无砟轨道

桥梁地段 CRTS Ⅱ 型板式无砟轨道结构由钢轨、弹性扣件、轨道板、水泥乳化沥青砂浆充填层、底座板、滑动层、高强度挤塑板、侧向挡块、台后锚固结构等组成,其横断面如图 2.50 所示。

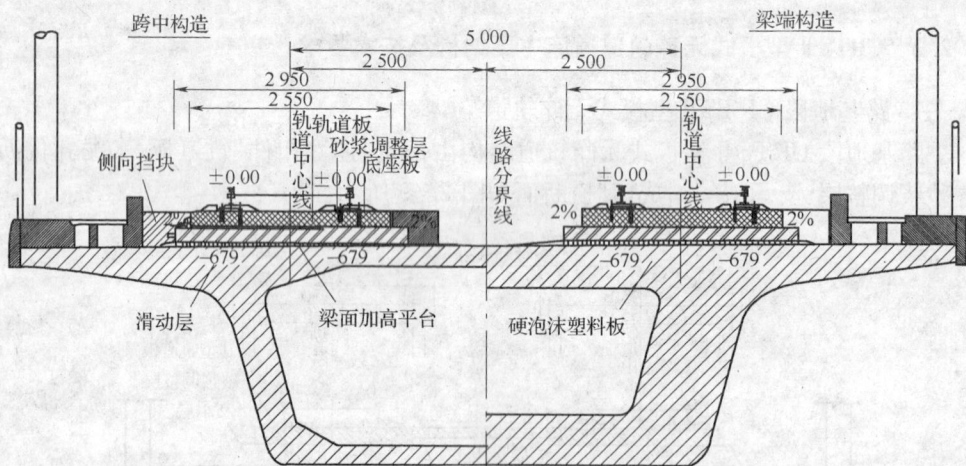

图 2.50　直线桥梁地段 CRTS Ⅱ 型板式无砟轨道横断面图(单位:mm)

(1)轨道结构高度:直线地段为 679 mm(内轨轨顶面至底座板底面),曲线超高 180 mm 地段轨道结构高度为 753 mm;其余超高地段,轨道结构高度按线性内插计算确定。

(2)轨道板尺寸与路基地段相同。砂浆调整层设计厚度为 30 mm。

(3)底座板采用纵向连续的钢筋混凝土结构,混凝土强度等级为 C30。底座板宽度宜为 2 950 mm,直线区段底座板厚度不宜小于 190 mm;曲线超高在底座板上设置,曲线内侧底座板厚度不应小于 175 mm,底座板结构中可设置一定数量的混凝土后浇带及钢板连接器。在桥梁固定支座上方,梁体设置底座板纵向限位机构,相应位置设置抗剪齿槽及锚固筋连接套筒,形式尺寸及数量应根据计算确定。

(4)轨道板外侧的底座板顶面应设置横向排水坡。

(5)底座板宽度范围内,梁面设置滑动层,滑动层结构及性能应符合相关规定。

(6)底座板两侧每隔一定距离设置侧向挡块,梁体相应位置设置钢筋连接套筒。侧向挡块与底座板间应设置弹性限位板,其性能应符合相关规定。

(7)距梁端一定范围,梁面设置高强度挤塑板,设计厚度为 50 mm,其性能应符合相关规定。

(8)台后路基应设置锚固结构(摩擦板、倒 T 形端刺)及过渡板,其结构及形式尺寸应根据计算确定。

3. 隧道地段 CRTSⅡ型板式无砟轨道

隧道内 CRTSⅡ型板式无砟轨道由钢轨、弹性扣件、轨道板、水泥乳化沥青砂浆充填层、支承层等组成。其结构与路基地段相似,轨道结构高度和结构组成相同,如图 2.51 所示。

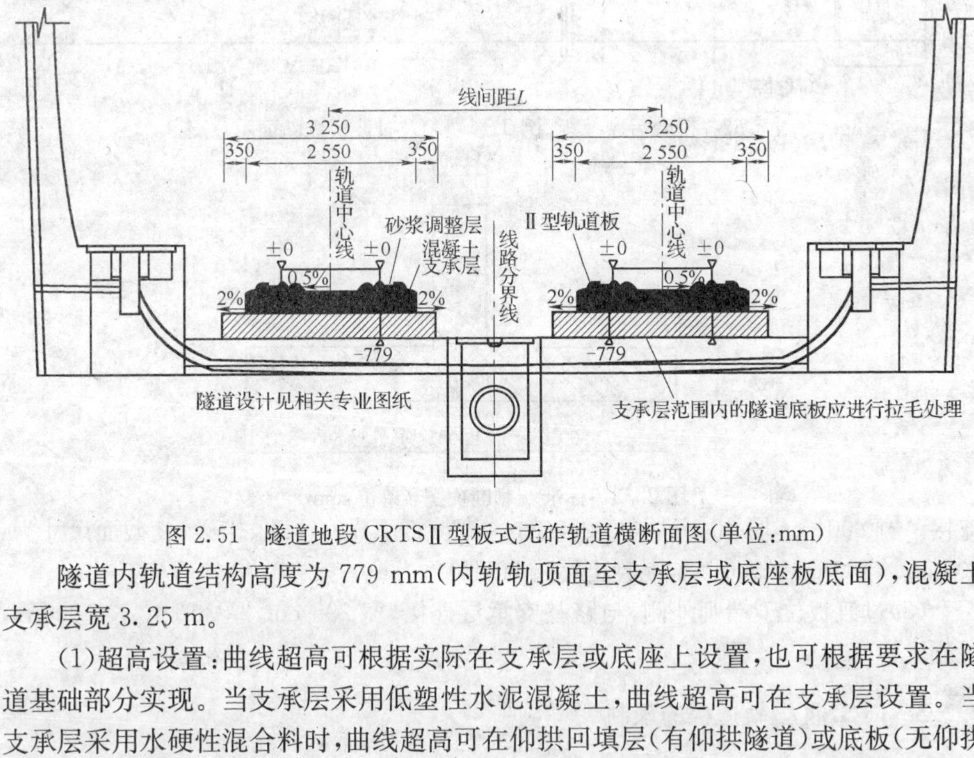

图 2.51　隧道地段 CRTSⅡ型板式无砟轨道横断面图(单位:mm)

隧道内轨道结构高度为 779 mm(内轨轨顶面至支承层或底座板底面),混凝土支承层宽 3.25 m。

(1)超高设置:曲线超高可根据实际在支承层或底座上设置,也可根据要求在隧道基础部分实现。当支承层采用低塑性水泥混凝土,曲线超高可在支承层设置。当支承层采用水硬性混合料时,曲线超高可在仰拱回填层(有仰拱隧道)或底板(无仰拱隧道)上设置。

(2)其他规定与路基地段相同。

4. 路基与桥梁过渡端刺及摩擦板

摩擦板、端刺结构是桥上 CRTSⅡ型板式无砟轨道系统的锚固体系,通过摩擦板和端刺将温度力和制动力传递到路基;桥台后摩擦板、到 T 形端刺及过渡板纵断面示意图如图 2.52 所示。

(1)常规端刺位于桥台背后约 50 m 处,由底座板和立板组成。其截面尺寸为:底板宽 800 cm,厚 100 cm,长 900 cm;立板宽 100 cm,高约 275 cm,长 900 cm;混凝土标号为 C30。标准端刺断面图如图 2.53 所示。

(2)摩擦板位于桥台和端刺之间,一端与桥台弹性连接,一端与常规端刺强刚性

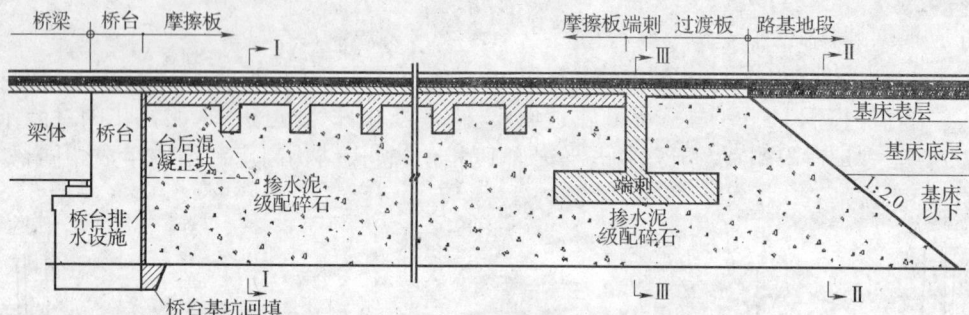

图 2.52 桥台后摩擦板、倒 T 形端刺及过渡板纵断面示意图

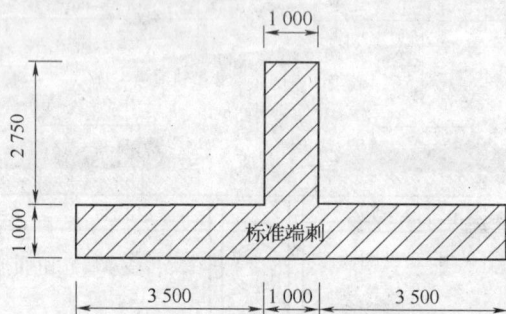

图 2.53 标准端刺断面图（单位:mm）

连接。宽 900 cm,厚 40 cm,长 5 000 cm。摩擦板下设有 11 条横梁,其截面尺寸为:100 cm×100 cm×900 cm,混凝土标号为 C30。

（3）过渡板位于端刺外侧,与路基支承层连接,宽 295 cm,厚 30 cm,长 500 cm,混凝土标号为 C30。

2.2.3 CRTSⅡ型轨道板的预制

1. 工艺流程

轨道板生产主线为倒置、整体张拉、连续灌注、集中养护、依次翻转、数控打磨。根据生产需要,轨道板场共设置 9 个区域:包括轨道板生产区、钢筋加工区、轨道板打磨区、混凝土搅拌区、轨道板存放区、砂石料存放区、辅助生产、现场办公区、外协队伍生活区等。CRTSⅡ型轨道板的预制工艺流程如图 2.54 所示。

2. 主要设备

轨道板的生产采用了全套的机械化设备,尤其是其中采用的数控磨床,是一套全自动化设备。轨道板场需根据生产效率结合工艺流程确定工装、设备的配置,按照生产的必备条件进行现场规划。重点考虑采用怎样的配合方式实现轨道板生产的技术要求,同时要节约成本。

原材料、配件进场及检验

普通钢筋 　配件 　预应力钢筋 　塑料套管 　水泥 　砂 　石 　外加剂

定位预应力筋入模

安装下层钢筋网片

预应力筋入模

预应力筋初张拉

安装分丝横隔板

安装橡胶件、精轧螺纹钢筋

安装塑料套管

安装上层钢筋网片

预应力筋终张拉

预制下层钢筋网片

钢筋加工

预制上层钢筋网片

计量

搅拌

运输混凝土

混凝土灌注振动成型

混凝土表面刮平

混凝土表面刷毛

覆盖养护膜、养护16 h

分丝横隔板清理、涂刷脱模剂

试件制作

组装试件模型

R脱模≥48 MPa 　混凝土试件标养 　28 d标养强度

放松应力

Ⅱ型板脱模

在台座旁静停1 d

模型清理、涂刷脱模剂

运往毛坯板库存放约1个月

翻转Ⅱ型板

切割Ⅱ型板侧面预应力筋的突出部分

Ⅱ型板打磨、编号

运往安装地点

运往成品库存放

运往成品库单独存放 　Ⅱ型板成品检验不合格 　安装轨道扣件 　Ⅱ型板成品检验合格

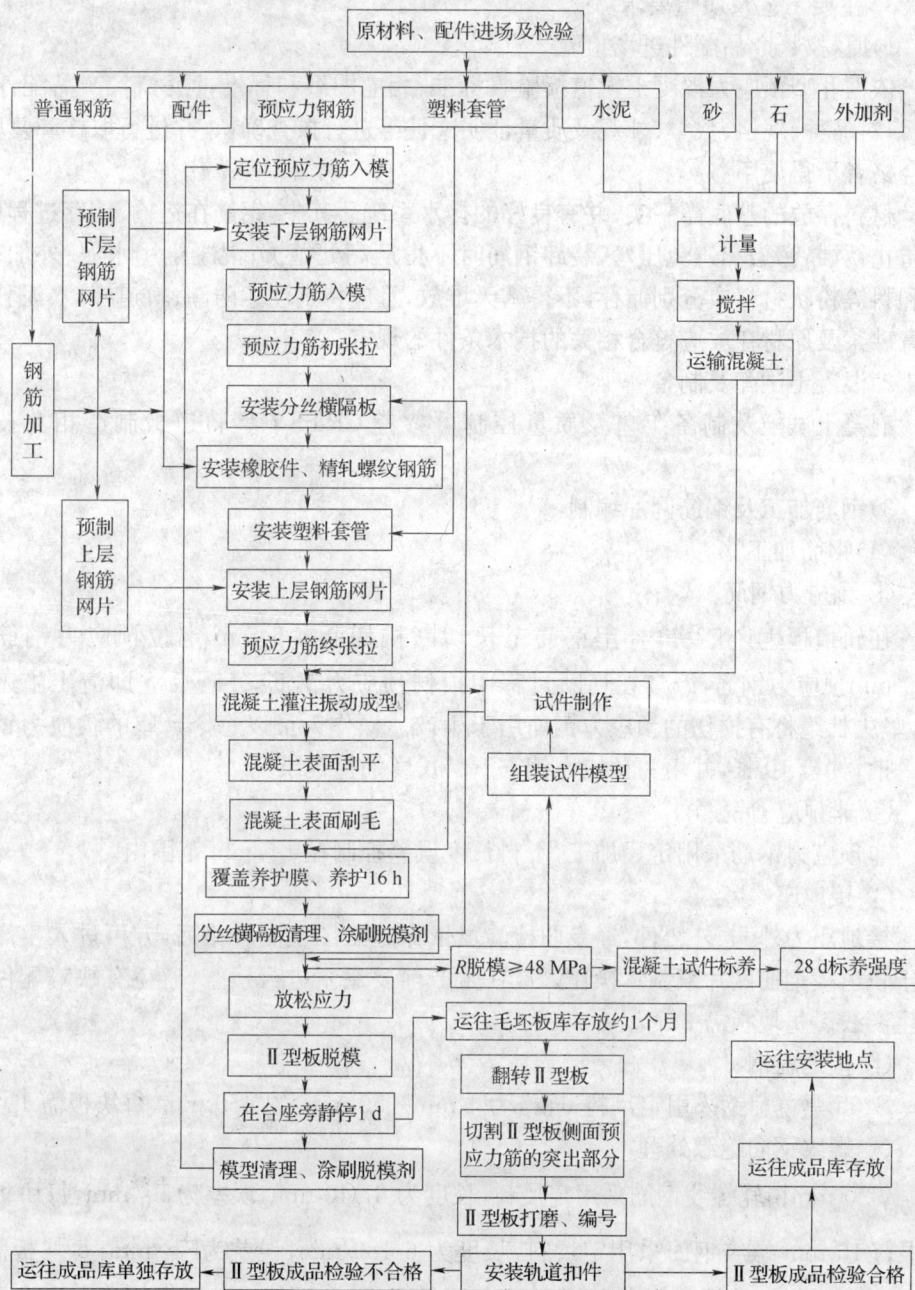

图 2.54 　CRTSⅡ型轨道板的预制工艺流程

55

高速铁路系列

3. 主要工艺及质量要求

1）原材料、产品配件进场检验

依据Ⅱ型预应力混凝土轨道板验收标准、相应图纸和标准，原材料、产品配件进场后，对品种、规格、数量、外观及质量证明文件等进行核查确认，并进行取样和复验，不合格者不得使用。

材料存放的基底需平实，并有良好的排水系统。其中，钢筋在运输、储存过程中，要防止锈蚀、污染和避免压弯，装卸钢筋时不得从高处抛掷；混凝土用水泥、外加剂、掺和料等粉状材料应分别储存，不得露天堆放，且应特别注意防潮；轨道板、水泥乳化沥青砂浆及原材存放应符合相关的技术条件的规定。

2）混凝土试配及制备

混凝土试配及制备工艺及质量控制可参考 CRTS Ⅰ型轨道板制造相关技术要求。

3）钢筋加工及钢筋网片编制

（1）钢筋加工

① 预应力钢筋

在轨道板生产厂房内，用钢筋定长切断机切断 $\phi 5$ mm 定位预应力钢筋和 $\phi 10$ mm 预应力钢筋，严禁在切断过程中损伤预应力钢筋，发现后立即清出施工现场，坚决杜绝将有损伤的预应力钢筋用于生产。操作人员以每个台座的预应力钢筋为一批，抽检 10 根，并填写预应力钢筋下料长度抽检记录。

② 非预应力钢筋

非预应力钢筋采用定尺加工，下料长度误差控制在 ±5 mm 范围内。

③ 接地座

接地座为外购、外协件，经专职检验员依据施工图检测合格后，方可进入生产线用于轨道板钢筋网片编制。操作人员在生产前要逐个进行检查，避免有缺陷配件流入生产线。每块板需 2 个。

④ 接地扁钢

S235 黑色扁钢采用定尺料，规格为 4 mm×50 mm×2 450 mm，每块板需 1 块。

⑤ 螺纹钢筋绝缘处理

$\phi 20$ mm 精轧螺纹钢筋采用定尺料，长度为 6 440 mm，误差为 $^{+5}_{0}$ mm，每块板需 6 根；$\phi 16$ mm 螺纹钢筋采用定尺料，长度为 6 180 mm，误差为 $^{+5}_{0}$ mm，每块板需 4 根。在轨道板钢筋加工厂房内，在专用加工胎具上，比照标准件用燃气喷火枪将收缩绝缘软管热缩安装在螺纹钢筋上。燃气喷火枪点火后，手持喷火枪沿热缩管反复、快

速移动，枪口与热缩管保持 10～15 cm 距离，防止热力过于集中，使绝缘性能降低或失效，直至热缩管处能看到螺纹钢筋的轮廓。螺纹钢筋绝缘处理如图 2.55 所示。

（2）钢筋网片编制

上、下层钢筋网片分别在专用胎具上编制成型。专用胎具经检验合格后，方可用于钢筋网片编制。在使用过程中，要随时、定期检测，发现问题及时处理解决，确保上、下层钢筋网片形式尺寸满足钢筋施工图要求。钢筋网片编制如图 2.56 所示。

图 2.55　螺纹钢筋绝缘处理　　　　　图 2.56　钢筋网片编制

该工序关键是做好钢筋间的绝缘处理。每个钢筋网片编制完成后按规定进行电气绝缘情况检测。首先进行目测，钢筋之间不允许无绝缘措施而直接接触；具体测量时以纵向钢筋为基准，测量每根横向钢筋与相交叉的纵向钢筋间的电阻值，确保电阻值不小于 2 MΩ。否则应检查原因并进行返工处理，直至电阻值符合要求。

（3）上、下层钢筋网片存放

操作人员依据轨道板钢筋施工图，自检合格后，以每个台座为单位，用专用吊具将上、下层钢筋网片分别码放在钢筋网片通用托盘上，并作好标志。吊运过程中要轻吊、轻放，注意吊点位置，禁止采用可能造成网片中钢筋移位的任何操作，上、下层钢筋网片存放如图 2.57 所示。

4）模具清理及安装

轨道板脱模后，用铲刀清理模板上的混凝土残渣等其他附着物，尤其针对模具承轨台、塑料套管定位轴、预裂缝处和端部等结构表面复杂的部

图 2.57　上、下层钢筋网片存放

位,然后开动多功能运输车,同时启动通用托盘上工业吸尘器,将浮渣清除干净,确保模具表面清洁,模具清理如图 2.58 所示。模板清理完成后,检查承轨台与底板、侧模及预裂缝钢条间及模具端部等结构复杂的部位的缝隙是否密封完好,如有损坏处,用硅树脂重新做密封处理。然后开动多功能运输车,同时启动通用托盘上脱模剂喷涂器,将脱模剂均匀地喷涂在模板的表面,模板的表面不允许有脱模剂积聚现象,若发生及时清理干净。喷洒脱模剂如图 2.59 所示。对模具承轨台、塑料套管定位轴、灌浆孔预埋件、预裂缝处和端部等结构表面复杂的部位,用刷子再涂抹一层脱模剂。

图 2.58 模具清理

轨道板模具加工精度高,模型底板整体平面度为 ±2 mm,承轨槽本身制造精度高,每个模具内的 20 个承轨台高程误差在 ±0.3 mm 以内。安装后一个台座内模型整体的直线度在 ±1 mm,且相邻两套模具之间的高差应控制在 ±1 mm,每套模型同侧承轨台平面度控制在 ±0.3 mm。

5)钢筋入模及配件的安装

(1)下层钢筋网片入模

图 2.59 喷洒脱模剂

将 6 根 $\phi 5$ mm 定位预应力钢筋用天车吊入钢模,每根钢筋两端安装专用夹具,安装固定在台座两端的张拉横梁上,锚固后钢筋间长度相对误差不大于 5 mm。通过多功能车将装有下层钢筋网片的托盘运到张拉台座中对应的安装位置,将下层钢筋网片小心地吊起,从台座一端开始依次安放在模具内定位钢筋上方的相应位置,下层钢筋网片入模如图 2.60 所示。在 6 根定位钢筋与下层钢筋网片中的 4 根 $\phi 16$ mm 螺纹钢筋、8 根 $\phi 8$ mm 螺纹钢筋交叉点处绑扎绝缘垫片,下层钢筋网片调整及固定

如图 2.61 所示。

图 2.60　下层钢筋网片入模

图 2.61　下层钢筋网片调整及固定

（2）预应力钢筋入模及初张拉

ϕ10 mm预应力钢筋入模安装前需进行检查，钢筋上不允许有油、油脂和其他脏物，如发现应清除干净，禁止使用有锈斑或机械损坏的钢筋。依据轨道板钢筋施工图规定预应力钢筋的数量和位置，将预应力钢筋先后分 4 次吊入模具中。依次分别为12根、18根、12根、18根。在张拉台座的一端将预应力钢筋用套筒夹具固定在张拉横梁的锚板上，然后将钢筋导入固定在多功能车上的分丝板中，多功能车到台座的另一端，使预应力钢筋按规定位置入位，在张拉台座的另一端将预应力钢筋用套筒夹具固定在张拉横梁锚板上，最后用 2 个专用压梁将锚固在张拉横梁锚板上预应力钢筋压紧固定，防止滑落。预应力钢筋入模如图 2.62 所示。

在初张拉前，检查预应力钢筋布置是否满足轨道板钢筋施工图要求，严禁钢筋间交叉扭曲，若有此情况必须重新布置。检查合格后，启动自动张拉系统，对预应力钢筋施加约 20%的设计总张拉力，锁紧千斤顶，关闭自动张拉系统。张拉过程中 4 个千斤顶行程要对称、同步，否则由于预应力张拉台装置的弹性弯曲可能出现力不对称传递。

（3）工装配件的安装

① 模型横向隔板

通过多功能车将装有模型横向隔板的托盘运到张拉台座中对应的安装位置，用天

图 2.62　预应力钢筋入模

车吊起隔板并插入到每两套模型之间，然后转动安装在模型端部的拉紧装置，通过 7 个紧固装置将隔板和模型固定在一起。模型横向隔板安装如图 2.63 所示。

② 塑料套管安装

通过多功能车将装有塑料套管的托盘运到张拉台座中对应的安装位置,将套管安装固定在套管定位轴上。若偏差超出允许范围,应及时进行调整直至符合偏差要求方可投入生产。塑料套管安装如图 2.64 所示。

图 2.63 模型横向隔板安装

图 2.64 塑料套管安装

③ 模型端部橡胶件、带收缩绝缘软管精轧螺纹钢筋安装

通过多功能车将装有端部橡胶件和带收缩绝缘软管精轧螺纹钢筋的托盘运到张拉台座中对应的安装位置,然后将端部橡胶件插入到每套模型端部安装固定,同时将带收缩绝缘软管精轧螺纹钢筋插入到端部橡胶件中固定。在安装前,需将端部橡胶件表面混凝土残渣清理干净并均匀地涂抹一层脱模剂。在安装过程中,要检查并确认 6 根 $\phi 20$ mm 精轧螺纹钢筋与下层 60 根 $\phi 10$ mm 预应力钢筋交叉点之间已完全通过收缩绝缘软管隔离且位置满足轨道板钢筋施工图要求。

④ 上层钢筋网片入模

通过多功能车将装有上层钢筋网片的托盘运到张拉台座中对应的安装位置,将上层钢筋网片小心地吊起,从台座一端开始依次安放在模具内精轧螺纹钢筋上方的相应位置。上层钢筋网片入模如图 2.65 所示。上层钢筋网片全部安装完成后,依据轨道板钢筋施工图检查、调整钢筋网片位置。

6) 预应力施工

轨道板采用整体张拉方式,且在台座

图 2.65 上层钢筋网片入模

两端同步进行,即在张拉时,在台座两端各安装 2 个千斤顶,并通过他们同时将 2 个相对的锚固有预应力钢筋的张拉横梁向外推开,在张拉过程中 PC 控制机上将显示每个千斤顶的活塞位移量、张拉力数值。

张拉分两个阶段:初张拉和终张拉。在张拉前,再次检查模型内钢筋、预埋件数量和位置是否满足产品施工图要求,若发现问题必须重新调整、安装。

① 初张拉:启动自动张拉系统,千斤顶按事先设定好位移量顶出,即将预应力钢筋张拉至约设计值的 20%,放入环形支承垫板,用环形螺母锁紧锚固。

② 终张拉:将预应力钢筋从设计值的 20%张拉至设计总张拉值,用环形螺母锁紧锚固,自动张拉系统回油、卸载,转移到下一个张拉台座。实际总张拉力、预应力钢筋伸长值与设计额定值偏差不大于 5%,实际单根预应力钢筋的张拉力与设计额定值偏差不大于 15%。

③ 在张拉过程中,始终保持同端千斤顶活塞伸长值间偏差不大于 2 mm,异端千斤顶活塞伸长值间偏差不大于 4 mm,如发现偏差大于允许值立即停机检修。同时,台座上 4 个千斤顶的活塞位移量、张拉力值自动存储在 PC 控制机内,PC 控制机将对这些数值进行计算处理,得出预应力钢筋总张拉力、伸长值与设计额定值偏差。当偏差量大于 5%时,就需要对预先设定张拉参数(摩擦系数和补偿量)进行修正,然后重新进行预应力钢筋张拉,直到满足设计要求;当偏差最小于等于 5%时,预应力钢筋张拉工序完成,可转入下一道工序施工。

④ 每隔 2 周用压力传感器检测张拉台座中 4 根预应力钢筋的张拉力,实际单根预应力钢筋的张拉力与设计额定值偏差不大于 15%,当偏差量大于 15%时,就需要对预先设定张拉参数(摩擦系数和补偿量)进行修正,然后重新进行预应力钢筋张拉,直到满足设计要求。

7)混凝土灌注振动成型及表面刷毛

(1)准备工作

为了保持灌注入模混凝土温度,确保水泥水化反应正常快速进行,在灌注混凝土前约 2 h,启动模具底部加热装置,将模具预热到约 30 ℃,严禁过热。同时试车检查混凝土布料机、刷毛机、运输车以及小型的电、气动机具工作是否正常,有问题及时检修。

(2)混凝土灌注成型

① 混凝土运输

在生产厂房内,混凝土运输配备 1 台轨道平板车和 2 个混凝土料罐。轨道平板车在搅拌站和生产厂房之间来回运输混凝土料罐,厂房内双钩桥吊在轨道平车和混凝土布料机之间来回运输混凝土的料罐,确保每个台座混凝土供应的连续性,直至混

凝土灌注完成。混凝土运输如图 2.66 所示。在运输混凝土过程中,要保持平稳,运到灌注地点时混凝土不分层、不离析,并具有要求的坍落度、温度等工作性能,严禁向混凝土内加水。

② 混凝土灌注

混凝土布料机配置 4.5 m³ 容量的储料斗和带 1.5 kW 振动器可升降刮平板。混凝土布料机从台座的第一套模板到最后一套模板,依次、连续、均匀地将混凝土灌注入模,混凝土灌注方向垂直于布料机的行驶方向,同时以每块模板为独立单元启动振动装置,将混凝土密实成型。混凝土灌注如图 2.67 所示。

图 2.66　混凝土运输　　　　　　　　　图 2.67　混凝土灌注

每个台座详细工作流程如下:

a. 将混凝土布料机开到要灌注混凝土模具正上方。

b. 把混凝土料罐内混凝土倒入布料机的储料斗中。

c. 启动布料机上布料系统,双叶瓣式门打开,同时齿滚转动,将料斗内混凝土灌注入模。

d. 混凝土灌注分两步进行。第一步:布料机上的料斗在从模具一端匀速运行到另一端的过程中,将约 75% 的每块轨道板所需混凝土灌注入模;第二步:布料机上的料斗在返回过程中,将模具内灌满混凝土。料斗运行到模型端部时关闭双叶瓣式门,并在灌注混凝土时根据实际需要手动调节混凝土的灌注速度。

e. 在料斗返回补充灌注混凝土时,启动安装在每套模具下部振动器,振动密实混凝土,直到表面泛浆和只有零星气泡出现为止,避免过振,振动时间一般不超过 2 min;在振捣混凝土过程中,加强检查模板支撑的稳定性和接缝的密封情况,以防漏浆,如果发现灌注的混凝土过少,则再从 c 开始重复工作。每块模具下部安装有 9 个 1.5 kW 振捣器,其离心力为 12 kN,通过数码变频器操纵振动器,在其频率范围内可以无级调整频率。

f. 混凝土密实成型后,先将布料机上刮平板降至紧切模型中横向隔板的高度,然后布料机开到下一个模具的位置,同时启动刮平板上的振动器,刮平混凝土表面,把多余的混凝土推进下一个空模具中。

g. 再从 a 开始重复以上操作,直至台座中模具混凝土全部灌注成型。

h. 在刮平过程中,要及时清洗刮平板,保证轨道板混凝土表面刮平效果。

在每个台座混凝土灌注成型过程中,施工班组的操作人员与搅拌机司机要保持紧密联系,并根据现场施工情况及时调整混凝土拌和物工作性能,确保混凝土拌和物满足施工要求。并认真填写混凝土灌注成型记录表。通常情况下,从搅拌机出料到完成混凝土灌注入模的时间间隔不超过 15 min,确保混凝土拌和物成型前有良好的和易性。

在每个台座混凝土灌注入模前和灌注成型过程中,操作人员随机抽取混凝土试样 5 次,测定拌和物的温度和坍落度指标并填入混凝土灌注成型记录表中,只有拌和物性能指标符合配合比要求时方可灌注入模,否则应将其清理出施工现场。混凝土的入模温度控制在 25~30 ℃。

在每个台座最后一块轨道板灌注过程中,取样制作 4 组 150 mm×150 mm×150 mm 混凝土抗压强度试件(1 组 3 块),在试件上注明台座号、生产班组、日期。其中 2 组试件用作检测轨道板脱模强度,另 2 组试件分别用作检测轨道板混凝土 7 d 和 28 d 强度。每隔 1 周制做 6 块 28 d 混凝土弹性模量试件,每隔 1 个月制做 3 块 28 d 混凝土抗折强度试件,试件制作符合有关规定。

③ 混凝土表面刷毛

刷毛机从台座的第 1 套模具到最后一套模具,依次、连续、均匀地将、混凝土表面刷毛,刷毛方向与刷毛机的行驶方向一致。混凝土表面刷毛如图 2.68 所示。在每块轨道板振动刮平完成之后约 10 min(待混凝土初凝后),对混凝土表面进行刷毛,刷毛时间间隔不宜太长。刷毛深度为 1~2 mm,保证轨道板与水硬性支承层更好连接。

④ 调高装置、温度传感器安装

依据轨道板施工图规定的位置和数量,用定尺量具定位调高装置的安装位置。在调高装置安装处将调高装置较长两支腿压入新浇灌的混凝土中,调高装置顶面稍低于混凝土表面,露出较短两支腿高于混凝土表面约 3 mm,且与分丝隔板距离 1 mm。

在最后一块轨道板刷毛完成后,在板内预埋一个温度传感器,作为下道混凝土养护工序控制的温度采集点。

⑤ 混凝土表面覆盖

混凝土初凝后取出侧模板,同时用养护薄膜覆盖混凝土表面进行保温,防止混凝土水分蒸发,保证水泥水化反应正常进行,为轨道板混凝土强度稳步快速提高创造良好的环境。混凝土表面覆盖如图 2.69 所示。

图 2.68　混凝土表面刷毛 　　　　　　　图 2.69　混凝土表面覆盖

8)混凝土的养护

(1)混凝土灌注入模前将模具加热到约 30 ℃,一般情况下,开始灌注混凝土时停止对模具加热,依靠模具的现有热量和水泥的水化热便可保证混凝土中水泥水化反应的正常进行,除非厂房内温度过低才需继续加热。在每个台座模具下方,均匀布置 2 个温度传感器,传感器将检测到的数据传送给温度控制仪,通过温控仪调节和控制混凝土灌注前、灌注中以及养护过程中模具的温度。

(2)每个台座的最后一块轨道板灌注成型完成后,在板内埋入温度传感器,并通过信号线与温控仪连接;同时取样制作 4 组 150 mm×150 mm×150 mm 立方体试件,然后用玻璃板盖住试件,放入到提前预热好的水槽中,安装在水槽中的温度传感器也通过信号线和温控仪连接。温控仪随时跟踪轨道板的芯部温度,以此为基准调节、控制水槽中的水温,使试件养护温度与轨道板芯部温度一致。

(3)一般在养护过程中,不需要对模具加热,如果厂房内温度太低,轨道板混凝土养护温度过低,则需重新启动温控仪对模型进行加热。

(4)温控仪自动记录轨道板混凝土芯部温度变化数据,并可以图表形式显示和打印出来。

(5)养护时间达到 16 h 后,从水槽中取出第 1 块混凝土试件,用压力试验机检测试件的抗压强度,如果强度达到 48 MPa,则可脱模;如果强度达不到 48 MPa,再取出第 2 块试件试压,如果强度满足要求,仍可脱模,否则养护继续进行,视具体情况 1～2 h 后检测第 3 块试件强度,依次类推直至强度满足要求为止。

(6)试件抗压强度达到 48 MPa 时,操作人员关闭温控仪,相应台座混凝土养护

过程结束,可转入下一道工序。

9)毛坯板脱模

(1)预应力钢筋放张

采用整体放张方式,且在台座两端同步进行。

① 启动自动张拉系统,根据预先设定好的程序,将钢丝缓慢超张拉到可以松开环形螺母为止,然后取出环形支承垫板,千斤顶缓慢回缩,逐渐向混凝土传递预压应力,放张完成后,千斤顶回缩到原起始位置。

② 在放张过程中,PC控制机上将显示每个千斤顶的活塞位移量、张拉力数值,始终保持同端千斤顶活塞回缩值间偏差不大于2 mm,异端千斤顶活塞回缩值间偏差不大于4 mm,如发现偏差大于允许值立即停机检修。

③ 整个放张过程实现自动控制。

(2)切断预应力钢筋

只有在预应力钢筋完全放张后才可切断预应力钢筋,严禁在带应力情况下切割预应力钢筋。首先用钢筋切断剪剪断6根ϕ5 mm定位预应力钢筋;然后用电动切割锯切断模具之间ϕ10 mm预应力钢筋,先切断张拉台座1/2处预应力钢筋,接着切断台座1/4处预应力钢筋,最后从台座两端同时开始依次切断其余的模具之间预应力钢筋。预应力钢筋切割如图2.70所示。

(3)脱膜

将真空吊具挂在桥式吊车的吊钩上,锁好吊具,接通设置在吊车上的电源。开动吊车将真空吊具移到要脱模的轨道板上方,调整吊车的位置,降低吊具高度使吸盘落到轨道板混凝土表面固定的区域,启动真空泵,使吸盘紧紧地吸附在混凝土表面上,直至达到预先设定好的吸附力。启动5个液压千斤顶(中部布置1个,两端各布置2个),首先用较小的压力调平吊具,然后逐

图2.70 预应力钢筋切割

渐增加压力直至预先设定值,同时开启压缩空气系统,通过模具底部的6个入风口吹入压缩空气,每块轨道板脱模时所需的外部力总计约为250 kN。将轨道板平稳地从模具中吊出来,用专用夹具把轨道板和真空吊具夹紧固定,水平方向旋转90°,吊运存放在台座旁对应的静停线的存放座上。毛坯板脱模如图2.71所示。

10)毛坯板检验、入库

在轨道板脱模后入库前,由专职检验人员依据轨道板验收标准检验验收,并填写毛坯板检查验收记录,经检验合格后才可办理入库手续。检测的另一个目的是检验模型承轨台的平整度及直线度,最大限度的降低打磨量。在正常生产过程中,对每套模板生产的毛坯板,每月用全站仪测量一次。

毛坯板测量使用的仪器包括全站仪、25 mm 直径特制棱镜及支座、毛坯板测量平台、压力数显表等。毛坯板测量后的数据通过特定的处理软件进行处理,处理后的数据包括承轨台的平整度、直线度、大钳口、小钳口和坡度,用于指导调整模具上承轨台的直线度,调整后的直线度控制在±0.3 mm。

11)毛坯板存放

轨道板在厂房内养护完成后,运到毛坯板库存放,存放时间取决于混凝土徐变、收缩进程和环境条件,一般为一个月左右,待板体混凝土收缩和徐变基本完成后便可转入下道工序,进行承轨台打磨加工。毛坯板存放如图 2.72 所示。

图 2.71 毛坯板脱模

图 2.72 毛坯板存放

12)毛坯板打磨及扣件安装

(1)轨道板打磨

轨道板在翻转机,切割锯,磨床,装配轨道扣件台位及横向运输车等工作面之间的移动全部通过辊式运输线来完成。辊式运输线由托滚架、带侧面导轮的托滚架及摩擦轮驱动装置组成。

① 轨道板翻转

用龙门吊车将轨道板从毛坯库存放区吊运到翻转机上,翻转机将轨道板旋转180°,正面向上放置在滚轮托线架上,然后通过辊式运输线进入打磨厂房。轨道板翻转如图 2.73 所示。

图 2.73 轨道板翻转

② 切除轨道板两侧突出的预应力钢筋,如图 2.74 所示。

图 2.74 切除轨道板两侧突出的预应力钢筋　　　　图 2.75 承轨台打磨

③ 打磨

毛坯板翻转 180°,切除突出侧面的预应力钢筋后,通过辊式运输线运到数控磨床的加工工位,进行打磨加工。磨床自控系统生成打磨加工数控子程序,对承轨台进行打磨加工。承轨台打磨如图 2.75 所示。

承轨台打磨加工设粗磨和精磨两个阶段。依据打磨加工实际工况,粗磨可能需分多次进行,精磨通常一次完成。第一次打磨完成后,激光扫描装置将自动对承轨台进行一次测量,如果检测合格则打磨工序结束,如果未能达到要求,则继续打磨直至合格为止。

(2)轨道扣件的安装

打磨后轨道板通过辊式运输线运到装配区,首先吸出塑料套管内的水,将油脂注入到塑料套管内,用量约 14 g/个,然后安装轨道扣件,如图 2.76 所示。

13)成品板检验、入库

在轨道板打磨完成后入库前,由专职检验人员依据轨道板验收标准进行检验验

图 2.76　轨道扣件的安装

收,并填写成品板检查验收记录,经检验合格后才可办理入库手续。

14)成品板存放

成品板库内,每 9 块轨道板为 1 垛放置在 3 个混凝土基座上,基座上安放垫块并标出支点的位置。每层板之间以及板与安放 4 个垫块,分别支承在板的第二个预裂缝和第八个预裂缝处,垫块要上下对齐,防止板内产生附加应力引起变形。垫块的规格为 200 mm×200 mm×200 mm,高度误差±2 mm,承重面应平行。成品板存放如图 2.77 所示。

图 2.77　成品板存放　　　　　　图 2.78　成品板出场

轨道板入库后,指定专人对库房进行动态管理并建立库房的管理台账,记录入库板的生产批次、作业班组、数量及存放的位置等;在存放期间,随时巡查、每周彻底检查一次成品板存放情况,主要检查垫块和混凝土基座变形情况,发现问题及时反馈并处理解决同时做好记录。

15)成品板出场

依据各铺设工作面进度安排,制定合理的轨道板运输计划,并组织落实。在成品内,按照事先排好的顺序,用龙门吊将轨道板装上载重汽车,通过公路运往工地。成品板出场如图 2.78 所示。

装车技术要求:

(1)将最下层的垫块用螺栓固定在载重汽车上(3个固定点),板之间设置3个支撑保持一定的距离,防止损坏承轨台。

(2)垫块规格为200 mm×200 mm×200 mm(高度误差±2 mm),上下均有防滑橡胶垫,防止轨道板在运输的过程中滑动。

(3)在载重汽车四周设置立柱,并用条纹带将立柱拉紧。

16)轨道板质量检验

(1)轨道板制造应符合《客运专线铁路CRTSⅡ型板式无砟轨道混凝土轨道板(有挡肩)暂行技术条件》(科技基〔2008〕173号)、《客运专线铁路CRTSⅡ型板式无砟轨道混凝土轨道板暂行技术条件》(科技基〔2008〕74号)的规定。

(2)轨道板制造厂应对每块轨道板编号,并提供《轨道板制造技术证明书》,进场时对照设计图纸复核轨道板型号。

(3)CRTSⅡ型轨道板主要尺寸偏差及外观质量应符合表2.8的规定。

表2.8　CRTSⅡ型轨道板(有挡肩)主要尺寸偏差及外观质量要求

序　　号	检 查 项 目	允许偏差(mm)
外形尺寸		
1	长度	±5
2	宽度	±5
3	厚度	0,+5
4	单个承轨台钳口间距	±0.5
5	承轨台之间钳口间距	±1
外观质量		
6	肉眼可见裂纹	不允许(预裂缝处和板底面允许有裂纹)
7	承轨部位的表面缺陷(气孔、黏皮、麻面等)	长度≤20、深度≤2
8	上边缘的破损或混凝土掉角	深度≤5、面积≤50 cm²
9	底面边缘破损或混凝土掉角	长度≤15
10	预埋套管内混凝土淤块	不允许

2.2.4　CRTSⅡ型轨道板的铺设

1. 工艺流程

混凝土支承层或底座施工完成后,即可开始轨道板铺设作业。轨道板采用轨道板运输车运至施工作业区,采用轮胎式跨双线龙门吊进行轨道板的铺设安装施工,同

时对已铺轨道板进行调整定位;轨道板精调定位完成后即可开始水泥沥青砂浆的灌注施工;水泥沥青砂浆达到一定强度进行窄接缝施工,然后进行轨道板纵联、宽接缝施工等作业。CRTSⅡ型板式无砟轨道轨道施工基本工艺流程如图2.79所示。

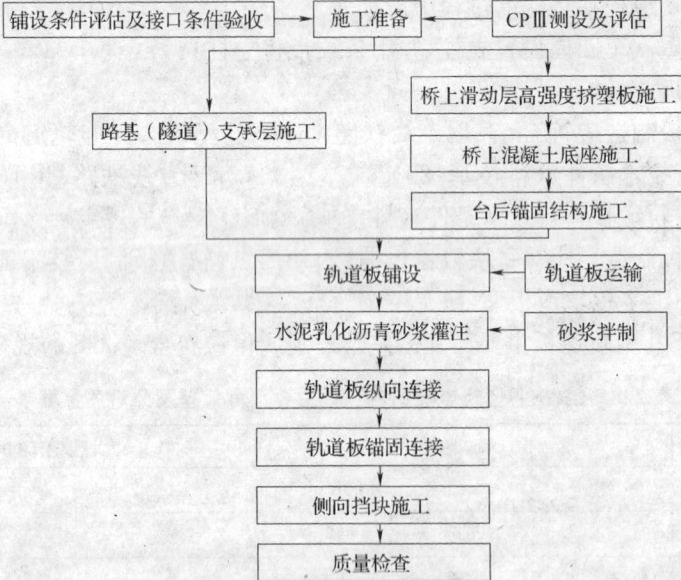

图 2.79 CRTSⅡ型板式无砟轨道轨道施工基本工艺流程

2. 主要装备

CRTSⅡ型板式无砟道床施工主要装备:混凝土搅拌站、水泥乳化沥青砂浆加料站、混凝土运输车、混凝土泵车、混凝土输送泵、滑模摊铺机、钢筋加工设备、轨道板运输车、轨道板铺设龙门吊、轨道板精调装置、水泥乳化沥青砂浆搅拌及灌注设备、检测测量仪器等。

3. 主要工艺和质量要求

1)铺设条件评估及接口条件验收

路基混凝土支承层施工前,基床表层的高程及坡度应满足规范要求,对于超高及低凹部位进行整修,合格后方能进行路基混凝土支承层施工。

对于桥梁地段,为确保满足无砟轨道各部分结构的技术条件要求,桥面设施的施工质量应做出相应的配合性保障。施工前应复核梁面是否满足技术要求,主要包括桥梁中线、桥面高程、桥面平整度、相邻梁端高差及梁端平整度、防水层质量、桥面预埋件、剪力齿槽几何尺寸、桥面清洁度、桥面排水坡等,应符合规范要求。

2)路基和隧道内混凝土支承层施工

路基及隧道地段混凝土支承层施工宜采用滑模摊铺机进行；对于长度较短、外形不规则或有大量预埋件的地段，可采用人工支立模板、机械或人工布料，小型机械振捣整平的模筑法施工。采用模筑法施工时，支承层材料应采用低塑性混凝土；采用滑模摊铺机和摊铺碾压法施工时，支承层材料应采用水硬性混和料。滑模摊铺机施工基本工艺流程如图 2.80 所示，模筑法施工基本工艺流程如图 2.81 所示。

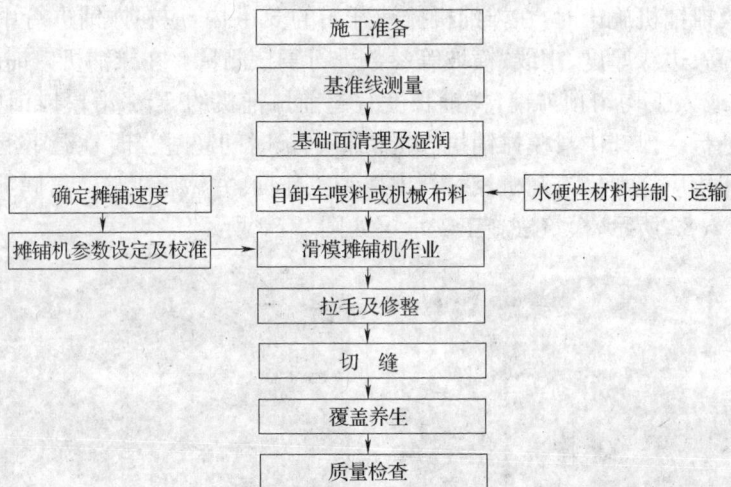

图 2.80 滑模摊铺机施工基本工艺流程

（1）配合比设计。支承层原材料及支承层材料技术要求应符合《客运专线铁路无砟轨道支承层暂行技术条件》（科技基〔2008〕74 号）的规定。

（2）工艺性试验。正式施工前应选定一段进行工艺性试验，检测支承层各项指标要求、外观质量及与支承层施工机械工作性能的匹配情况。根据试验情况，调整施工配合比及各种工艺参数。

（3）支承层拌和物或混凝土运输。根据施工进度、运量、运距及路况，选配运输车型和车辆数量。支

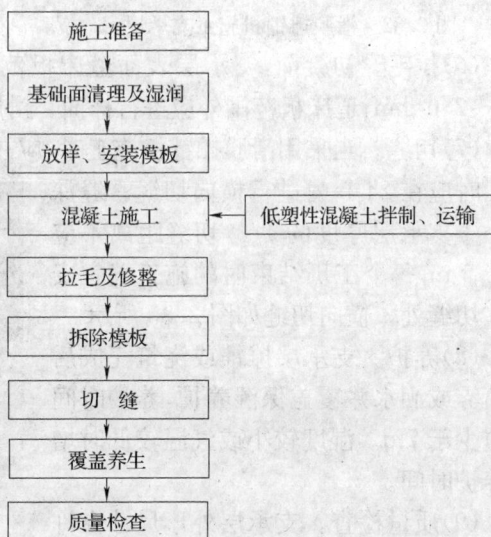

图 2.81 模筑法施工基本工艺流程

承层拌和物宜采用自卸卡车运输，每次使用前后应将自卸卡车清扫干净，长距离运输时应采取覆盖措施。混凝土运输采用混凝土罐车。

(4)支承层施工前，需根据CPⅢ控制网按10 m间距测放支承层中线，为摊铺机走行引导线或模板定位提供基准。同时支承层范围内的基床表层应清扫干净，并保持适度湿润，但不得有积水。

(5)滑膜摊铺机施工时，在摊铺机摊铺开始的5 m内，应在摊铺进行中对摊铺出的混凝土标高、边缘厚度、中线、横坡等参数进行复核测量。在摊铺机摊铺前，拌和物应采用机械或人工均匀预摊铺，摊铺长度宜超前摊铺机约5 m，滑模摊铺应缓慢、匀速、不间断进行。摊铺中滑模摊铺机停机待料最长时间超过当时气温下混凝土初凝时间的4/5时，应将滑模摊铺机及时开出摊铺工作面，并做施工缝。滑膜摊铺机施工支承层如图2.82所示，模筑法施工支承层如图2.83所示。

图2.82　滑膜摊铺机施工支承层

图2.83　模筑法施工支承层

(6)拉毛。初凝前，支承层表面道床板范围内应进行拉毛处理，拉毛深度宜为1.5~2.0 mm，道床板范围外应进行抹面。滑膜摊铺后拉毛如图2.84所示。

(7)切缝。当采用滑膜摊铺机施工时，应在12 h内进行横向切缝；当采用模筑法施工时应在24 h内进行横向切缝。缝深不小于支承层厚度的1/3，切缝距离不应大于5 m，每个工班结束时的施工缝宜安排在切缝处。横向切缝如图2.85所示。

(8)养护。支承层摊铺或浇筑完成后应喷雾或洒水并覆盖保湿养护，养护时间不应少于7 d。湿度较小或气温较低时增加养护时间。

(9)质量检查。支承层外形尺寸允许偏差应符合表2.9的规定。

图2.84　滑膜摊铺后拉毛

图 2.85　横向切缝

表 2.9　支承层外形尺寸允许偏差

序号	检 查 项 目	允许偏差(mm)
1	厚度	±20
2	中线位置	10
3	宽度	0,+15
4	高程	+5,−15
5	平整度	7/4 m

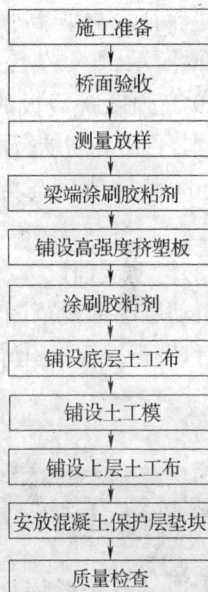

3)桥上滑动层、高强挤塑板施工

桥梁上滑动层、高强度挤塑板施工基本工艺流程如图 2.86 所示。

桥梁上滑动层、高强度挤塑板施工前桥面应符合下列规定:

无砟轨道范围内的桥面高程允许偏差 0,−20 mm。对不能满足要求的部位应进行打磨,并采用聚合物砂浆填充处理。相邻梁端高差不应大于 10 mm。梁端 1.45 m 范围内梁面平整度允许偏差 2 mm/1 m,桥面底座板范围内平整度允许偏差 3 mm/4 m。梁端 1.45 m 范围内凹槽深度的允许偏差为 ±2 mm。防水层不应有破损及空鼓现象。梁端剪力齿槽深度不得小于设计深度要求。桥面预埋件高程、平面位置应准确。桥面排水坡应符合设计要求,确保汇水、排水能力,不得有反向排水坡。

(1)梁端高强挤塑板铺设

底座板下设两布一膜滑动层,其中在梁缝两端各 1.5 m 范围设置一层 5 cm 厚的高强挤塑板,以减小轨道系统由梁端转角带来的附加力。梁端挤塑板纵断面如图 2.87 所示。

① 高强度挤塑板安装前注意观察梁端凹槽是否平整,加高平台处直角边缘是否棱角分明,梁端 1.45 m 范围内 15 mm 加高平台与 65 mm 加高平台的 50 mm 错台应满足 +0,−2 mm 的误差,如有问题必须处理。

② 用墨斗弹出高强度挤塑板的安装线,在桥梁接缝处设计规定位置处满涂黏结

施工准备
↓
桥面验收
↓
测量放样
↓
梁端涂刷胶粘剂
↓
铺设高强度挤塑板
↓
涂刷胶粘剂
↓
铺设底层土工布
↓
铺设土工模
↓
铺设上层土工布
↓
安放混凝土保护层垫块
↓
质量检查

图 2.86　桥梁上滑动层、
高强度挤塑板
施工基本工艺流程

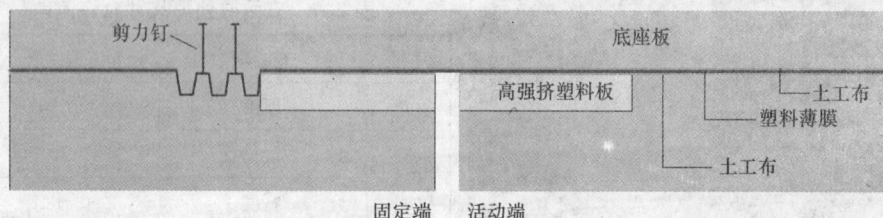

图 2.87　梁端挤塑板纵断面图

剂,如图 2.88 所示,厚度不小于 2 mm,将高强度挤塑板黏结在梁面上。高强挤塑板拼装如图 2.89 所示。

　　用压重预制块均匀压紧,防止翘起及变形并保证密贴。高强度挤塑板预压如图 2.90 所示。

　　③ 高强度挤塑板的顶面应与加高平台基本平齐,高差误差控制在 0 ～ +2 mm,其外侧应与混凝土底座板两侧平齐。

(2)滑动层铺设

图 2.88　满涂黏结剂

　　滑动层的铺设范围从桥梁固定端的剪力齿槽内边缘开始,向桥梁支座活动端方向进行,铺设至下一孔梁固定端的剪力齿槽外边缘。

图 2.89　高强挤塑板拼装

　　桥面清扫。两布一膜铺设前,用洁净高压水及高压风冲洗桥面,确保铺设范围内洁净,不得有砂粒等可能破坏滑动层的颗粒,清除梁面油污。

涂刷聚胺酯胶水,如图 2.91 所示。桥面清洗干净后,根据桥面上测量标记点确定滑动层铺设位置并弹出墨线,在梁面混凝土及挤塑板上沿纵向涂抹三条宽 30 cm 的胶粘剂,

铺设第一层土工布。聚胺酯胶水涂刷好后,进行第一层土工布的铺设,如图 2.92 所示。铺设范围为从固定支座剪力齿槽边缘开始到桥梁活动支座梁端结束,注意第一层土工布在梁缝处断开。下层土工布采用对接,土工膜对接应采用熔接

图 2.90　高强度挤塑板预压示意图

方式,接头区域 30 cm 范围内应与桥梁表面全横断面粘贴。每块土工布长度不得小于 5 m。下层土工布的始端、末端也要另加 30 cm 宽胶粘剂进行全横断面粘贴。

图 2.91　涂刷聚胺酯胶水　　　　　图 2.92　铺设第一层土工布

铺设聚乙烯薄膜,如图 2.93 所示。第一层土工布铺完且待胶水干后,在第一层土工布上洒水湿润,铺设聚乙烯薄膜,使薄膜可以黏附在底层土工布上,做到密贴平整不起皱。薄膜在梁缝处不断开,每块薄膜最小长度为 5 m,且薄膜搭接口要与上下两层土工布的搭接位置纵向错开不小于 1 m。

铺设第二层土工布,如图 2.94 所示。聚乙烯薄膜铺设好后,即可开始铺设第二层土工布。上层土工布的铺设长度与薄膜一致,在梁缝处连续铺设。上层土工布采用搭接方式进行连接,搭接量最少 20 cm,搭接位置与下面两层的接头位置错开不得小于 1 m。铺设时可用水湿润无纺布以利于无纺布吸附在聚乙烯薄膜上。

梁缝部位上层土工布顶面应按设计要求铺设镀锌钢板条,钢板条在梁缝中心线对称布置,保证前后梁端有至少 5 cm 的搭接宽度,作为梁缝处底座板混凝土支撑,确

保底座板混凝土浇筑时梁缝处滑动层不出现凹陷。

图 2.93　铺设聚乙烯薄膜

图 2.94　铺设第二层土工布

滑动层铺设完毕后,在滑动层顶面摆放底座板条形混凝土垫块,以免大风将滑动层卷起或钢筋安装时刺穿滑动层。垫块尺寸为 35 cm×5 cm×3.5 cm,所用混凝土原材料及标号与底座板混凝土要求相同,为 C30 混凝土。滑动层顶面垫块摆放如图 2.95 所示。

铺设后的无纺布和聚乙烯薄膜上不得行车。两布一膜滑动层铺设应平整、无褶皱且无破损,如发现滑动层出现破损,应进行更换,重新铺设。滑动层铺设宽度应比底座板每侧宽出 5 cm,以防两布一膜滑动,导致底座板直接浇筑在桥面上。底座混凝土浇筑完毕,应将无纺布和聚乙烯薄膜的外露部分紧贴底座混凝土剪去。

4)桥上混凝土底座施工

桥上混凝土底座板纵向布置如图 2.96 所示。底座板混凝土浇筑采用分段

图 2.95　滑动层顶面垫块摆放

浇筑,在两个混凝土浇筑段之间有后浇混凝土接缝,称此接缝为后浇带。依据底座板的设计原理,当长桥上底座板连续时,必须在同一个温度条件下同时完成整座桥梁上的底座板的连续施工。对于一座长达数十公里的超长特大桥来说,需要进行连续施工的后浇带可以多达数千个,数千个后浇带的同时作业是不可能实现的,因此设置了临时端刺。在每个常规区两端需设置两段底座,长度约 800 m,并依靠这两段底座与桥梁间的摩擦力来提供底座张拉所需反力,因其功能与端刺相仿,且在后续施工中被

消除,故称此为临时端刺。

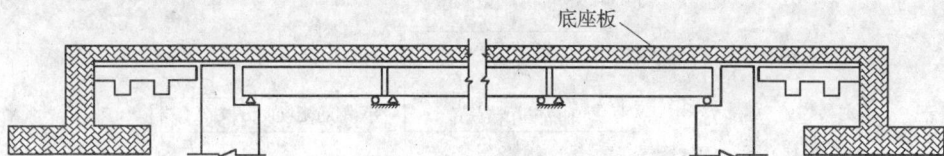

图 2.96　底座板纵向布置示意图

设置临时端刺后,底座板浇筑后的连接就无需在两个端刺之间进行(可在临时端刺和临时端刺、临时端刺和端刺之间进行),即两临时端刺或临时端刺和端刺之间的底座板就可以作为一个独立的施工单元进行连接施工,这也意味着可以将整个长桥底座板分成若干独立的施工单元(含临时端刺),无需等到全桥底座板施工完成后,再开始铺设轨道板,为后续轨道板的铺设赢得宝贵时间。

在长大桥梁底座板施工前,应根据设计要求进行施工单元划分设计,形成布置图,确定后浇带及临时端刺位置。划分设计方案依据总工期计划、桥面验收移交进展情况、施工标段划分及资源配置等因素综合确定,主要包括底座板施工单元段划分、临时端刺设置、常规区和后浇带位置确定,以及各灌注段先后施工顺序的确定等。桥上混凝土底座板施工工艺流程如图 2.97 所示。

(1)底座施工单元划分

一个施工单元由端刺、常规区、端刺三段组成,端刺可以是固定端刺、新建临时端刺或既有临时端刺,每个施工单元长度以 3～5 km 为宜。底座板一个施工单元构成及底座板单元划分如图 2.98 所示。

常规区为一与桥面有剪切连接的底座板结构单元。长度不限,但至少 10 跨梁。常规区一般分为多个施工段,每个施工段长度约 150 m,每段之间在跨中采用钢板连接器连接,浇筑时预留 50 cm 宽的后浇带,称为钢板连接器后浇带(BL1),如图 2.99 所示。每个施工段中部剪力齿槽部分与桥面一次浇筑成型,其余底座板与梁端剪力齿槽只进行钢筋连接,浇筑时预留 67.8 cm 宽的后浇带,称之为剪力齿槽后浇带(BL2),如图 2.100 所示。

临时端刺大于等于 780 m,为一与桥面临时无剪切连接的底座板结构单元,对称分布于常规区前后两侧,临时端刺分五段,从靠近常规区一侧起依次约为 LP1(220 m)、LP2(220 m)、LP3(100 m)、LP4(130 m)、LP5(130 m),各段之间逢跨中则采用钢板连接器连接(BL1),在临时端刺中依次命名为 K0,J1,J2,J3,J4,K1。临时端刺区剪力齿槽均预留齿槽后浇带(BL2)。临时端刺区底座结构布置如图 2.101所示。

```
                    ┌──────────────┐
                    │   施工准备    │
                    └──────┬───────┘
                           ↓
                    ┌──────────────┐
    ┌──────────────→│   施工放样    │
    │               └──────┬───────┘
    │                      ↓
    │               ┌──────────────┐      ┌────────────────┐
    │               │  钢筋笼吊装就位 │←─────│  钢筋笼场内分段施工 │
    │               └──────┬───────┘      └────────────────┘
    │                      ↓
    │               ┌──────────────┐
    │               │  相邻钢筋笼搭接  │
    │               └──────┬───────┘
    │                      ↓
    │               ┌──────────────┐
    │               │ 钢筋连接器及剪力 │
  相               │  齿槽锚固筋安装  │
  邻               └──────┬───────┘
  下                   合格 ↓
  一               ┌──────────────┐      ┌────────────────┐
  施               │ 模板及测温电偶安装 │←─────│  高度可调式模板加工 │
  工               └──────┬───────┘      └────────────────┘
  单                   合格 ↓
  元               ┌──────────────┐
  底               │   混凝土浇筑    │
  座               └──────┬───────┘
  板                      ↓
  施               ┌──────────────┐
  工               │ 底座顶面边缘横坡收坡 │
    │               └──────┬───────┘
    │                      ↓
    │               ┌──────────────┐
    │               │  底座顶面拉毛   │
    │               └──────┬───────┘
    │                      ↓
    │               ┌──────────────┐
    │               │ 底座顶面边缘横坡收光 │
    │               └──────┬───────┘
    │                      ↓
    │               ┌──────────────┐
    │               │   拆除模板     │
    │               └──────┬───────┘
    │                      ↓
    │               ┌──────────────┐
    └──────────────│   混凝土养护   │
                    └──────┬───────┘
                           ↓
┌────────────┐     ┌──────────────┐      ┌────────────┐
│ 曲线地段临时  │────→│ 同一施工单元内钢筋 │←─────│  测温电偶测温 │
│ 侧向挡块安装  │     │   连接器张拉    │      └────────────┘
└────────────┘     └──────┬───────┘
                           ↓
                ┌──────────────────────┐
                │ 同一单元内部分后浇带混凝土浇筑、 │
                │  收坡、拉毛、收光及养护     │
                └──────────────────────┘
```

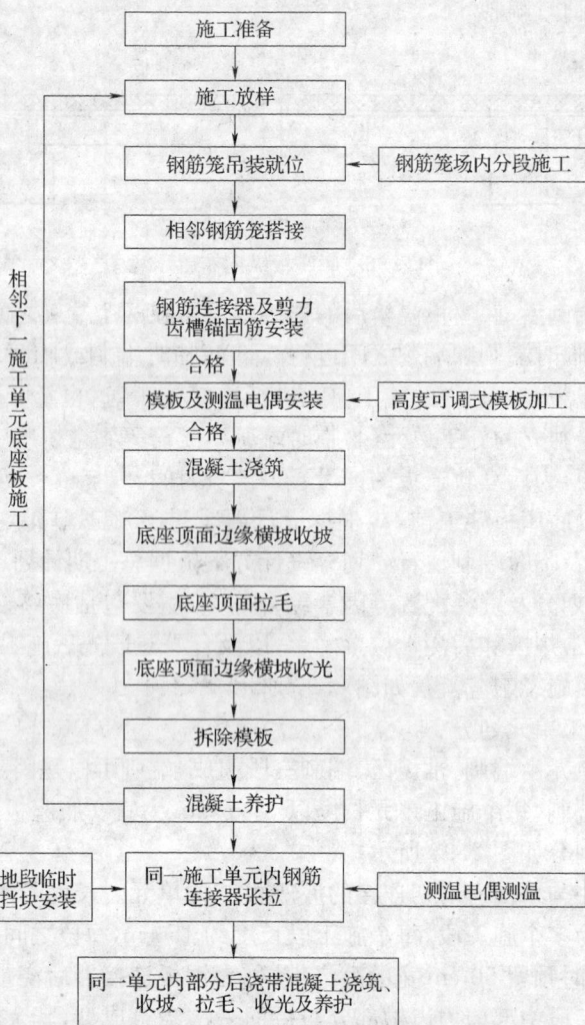

图 2.97　底座板施工工艺流程图

　　临时端刺底座板在浇筑后,与桥梁上部结构先不连接,即固定连接(齿槽和螺栓连接)暂时不起作用,以便在温度变化时临时端刺可在桥梁纵向滑动,避免上部强制力传入下部结构。

　　临时端刺不能设置在连续梁上,且距离连续梁至少两孔梁;左右线临时端刺要错开两孔梁;钢板连接器与剪力齿槽间距≤75 m;未与梁剪切连接的长度≤150 m;钢板连接器距离高强挤塑板间距≥5 m。

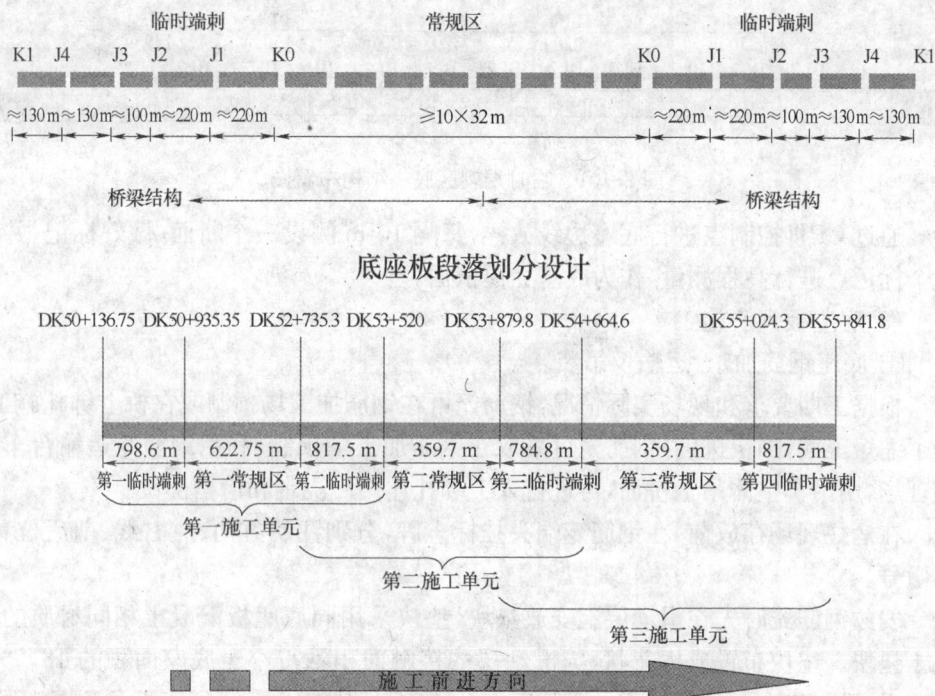

临时端刺　　　　　　　　常规区　　　　　　　　临时端刺

K1　J4　J3　J2　J1　K0　　　　　　　　　　　K0　J1　J2　J3　J4　K1

≈130 m ≈130 m ≈100 m ≈220 m ≈220 m　　≥10×32 m　　≈220 m ≈220 m ≈100 m ≈130 m ≈130 m

桥梁结构　　　　　　　　　　　　　　　　　桥梁结构

底座板段落划分设计

DK50+136.75　DK50+935.35　DK52+735.3　DK53+520　　DK53+879.8　DK54+664.6　　　DK55+024.3　DK55+841.8

798.6 m　　622.75 m　　817.5 m　　359.7 m　　784.8 m　　359.7 m　　817.5 m

第一临时端刺　第一常规区　第二临时端刺　第二常规区　第三临时端刺　第三常规区　第四临时端刺

第一施工单元

第二施工单元

第三施工单元

施工前进方向

图 2.98　底座板一个施工单元构成及底座板单元划分

施工单元划分完成后，一定要在桥上显著位置进行标志各后浇带位置、名称、类型，方便今后张拉时识别。

（2）测量放线

图 2.99　钢板连接器后浇带（BL1）

图 2.100　剪力齿槽后浇带（BL2）

79

高速铁路系列

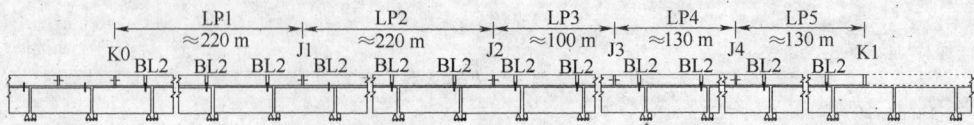

图 2.101 临时端刺区底座结构布置图

通过 CPⅢ 控制点进行底座边线放样,每隔 10 m 测设一个断面,做好标记,并对每个标记点进行高程测量,作为底座立模依据。

(3)底座板钢筋施工

① 底座钢筋加工、运输及吊装

根据工期要求和现场实际情况,钢筋笼可在钢筋加工场预制或在桥上绑扎施工。为了缩短工期,加快进度,钢筋笼可采取在钢筋加工场预制、利用钢筋笼运输台车运到现场,用吊车整体吊上桥面,再进行人工绑扎连接后浇带和齿槽部位。

在运往现场存放前,在钢筋笼端头挂标志牌,分别注明方向、左右线、前后位置、及墩号。

安放钢筋笼时先在滑动层上安放垫块,垫块采用同底座板混凝土相同材质的混凝土垫块。垫块布置成梅花状,与滑动层的接触面积不得小于底座面积的 18.5%,防止滑动层过度受压而损坏。钢筋安装后混凝土保护层厚度底座板顶面、侧面为 45 mm,底面为 35 mm。吊装钢筋笼时不得损坏滑动层和桥面防水层。梁缝处即高强度挤塑板上的钢筋,根据设计图现场绑扎就位。绑扎钢筋时不得对高强度挤塑板和其上的塑料薄膜造成损坏,此外还需注意混凝土的保护层厚度和钢筋的搭接长度。

由于后期铺设轨道板,需要在底座上埋设定位锥、GRP 定位点以及扣压装置,铺板后还需对轨道板进行锚固连接,均需在底座上钻孔,因此对底座钢筋的位置要求非常严格,钢筋绑扎定位时要严格控制钢筋的间距偏差在 ±20 mm 以内,保护层厚度偏差控制在 0～+5 mm。

② 后浇带连接器的安装

底座板后浇带连接器由一块 4 cm 厚的钢板和两侧的钢筋组成。钢板一边的钢筋伸出钢板 3 cm,直接与钢板焊接,焊缝厚度 15 mm,另一边的钢筋穿过钢板孔洞,用分置于钢板两侧的螺帽与钢板连接。钢板连接器与底座板钢筋连接如图 2.102 所示。

安装时分两部分吊装上桥,与连接钢板焊接的钢筋在桥下与钢板提前焊接好,整体吊装上桥,放置到位后,再安装用螺母锁定的精轧螺纹钢筋。

钢板连接器应在两侧钢筋笼安装时同步安装,并置于后浇带中间位置,纵向位置

允许偏差±50 mm。钢板分别与梁面及
线路中线垂直,垂直度允许偏差 10 mm,
钢板底部按设计要求支垫,定位后的钢板
不得与滑动层直接接触。就位后的钢板
连接器精轧螺纹筋应与钢板垂直,所以锚
固螺母与钢板密贴,且精轧螺纹钢筋外露
长度不应小于 20 mm,以确保收紧时的可
靠传力,但是精轧螺纹钢筋不允许伸出太
长,以便锚固螺母和锚固扳手能够安装于
其上。钢板连接器示意图如图 2.103 所示。

图 2.102 钢板连接器与底座板钢筋连接

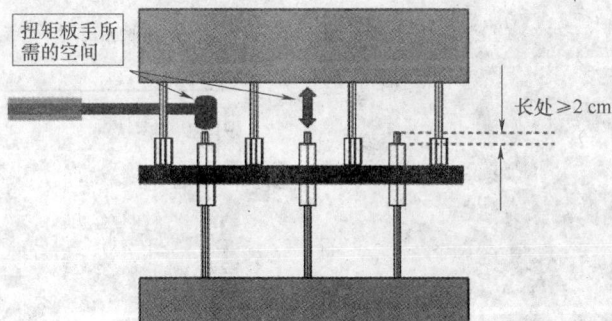

图 2.103 钢板连接器示意图

③ 桥梁剪力齿槽钢筋与齿槽剪力钉的安装

在梁端剪力齿槽处,剪力齿槽锚固钢筋分为梁内和底座板内两部分,如图 2.104
所示。桥内部分(含套筒)在梁场制作时预埋在箱梁顶板的齿槽内;底座板内部分在
底座板施工时,由钢板和带螺纹的钢筋焊接的剪力钉旋入梁顶预埋套筒内。

剪力钉安装前,先对剪力齿槽的顶面、两侧面和底面进行凿毛处理并清理干净。
凿毛采用小型电动凿子进行,凿毛时要注意要避开预埋套筒,凿毛深度为 5～
10 mm,以露出新鲜混凝土面为宜。随后进行预埋套筒清理,采取人工逐一清理的方
式,用细铁丝逐个把杂物从套筒中清理出来,然后填塞黄油。锚固筋制作长度应根据
底座板设计高度(包括曲线外侧超高)及现场预埋套筒实际情况确定,且安装后的剪
力钉宜低于底座板顶层钢筋 20～50 mm。安装时采用扭力扳手配合加工的夹具,确
保拧紧力矩不小于 300 N·m,同时保证剪力钉螺纹拧入套筒内长度不小于 42 mm。
剪力钉的拧紧如图 2.105 所示。每片梁按照剪力钉的编号,逐一对扭矩、拧入套筒长
度和锚固钢板伸入底座板长度进行验收和记录。

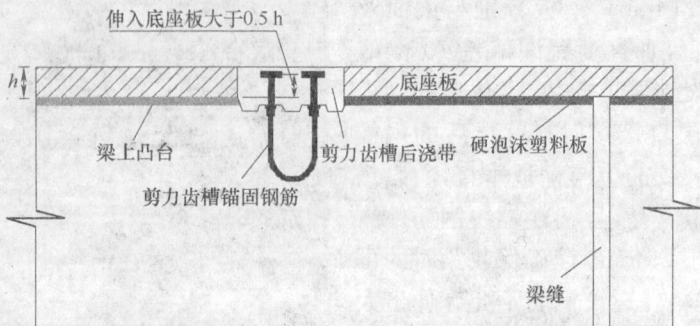

图 2.104　剪力齿槽锚固钢筋示意图

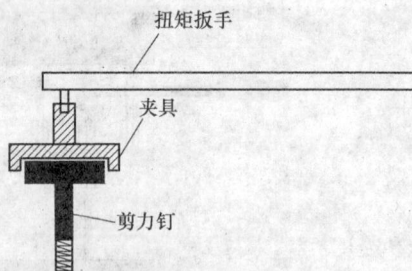

图 2.105　剪力钉的拧紧

（4）温差电偶埋设

底座板混凝土浇筑前，在每个浇筑段距离后浇带约 1/3 浇筑段长位置处，在横断面的中心的钢筋笼内埋设温差电偶，用于测量后续底座连接时底板混凝土内部温度。温差电偶埋设如图 2.106 所示。温差电偶安装数量为每两个相邻的钢板连接器之间至少 1 个。

（5）模板安装

底座板采用模筑法施工，侧模采用槽钢组合而成，为实现曲线外侧超高，设计为可调高形式。后浇带处端模采用钢板加工成梳形，模板高度与底座板厚度相同，底座板纵向钢筋卡在梳齿中间。

模板应有足够的刚度和强度，模板组合高度略低于底座板设计厚度 20 mm，以适应梁面平整度情况。底座板模板安装时，因梁顶不允许钻眼，施工前应充分考虑模板的加固方法，外侧模板支撑在竖墙上，内侧模板左右线采用对撑。

可考虑采用双线同步立模浇筑工艺。模板安装原则为宜低不宜高，模板安装时一般按设计标高降低 5 mm 控制,以确保水泥沥青砂浆层厚度。

(6)混凝土浇筑

底座板设计采用低弹性模量的 C30 混凝土。混凝土采用罐车输送至桥下,汽车泵送上桥,摊铺机整平的施工工艺。底座板混凝土施工主要包含混凝土的浇筑、振捣、整平、收面、拉毛及养生等工序。

图 2.106　温差电偶埋设

施工准备,底座混凝土施工前,应清理底座模板内杂物,检查确认钢筋、模板状态及绝缘性能。在底座板浇筑前,放松后浇带连接器中与螺纹钢连接的螺母。螺母放松后与钢板的最小距离不小于 30 mm。

混凝土浇筑。底座板混凝土由拌和站集中搅拌,混凝土罐车运到工地,再由泵车泵送入模。混凝土浇筑由一道后浇带(钢板连接器后浇带或剪力齿槽后浇带)向另一相邻后浇带(钢板连接器后浇带或剪力齿槽后浇带)推进,一次成型,中间不留施工缝。混凝土布料时,应由模板低边往高边进行,左右两副布料的速度要基本保持一致。

混凝土振捣。底板混凝土浇筑时,先用人工大致摊平,再用插入式捣固器振捣,梁端钢筋搭接密集区应用直径 30 mm 捣固棒捣固密实,严禁漏捣。混凝土捣固时,必须从钢筋的间隙插入,尽量避免碰触钢筋和绝缘卡。

混凝土整平。混凝土捣固完成后,用摊铺机具来回滚压几遍粗平,然后用铝合金尺刮平,一般情况下,刮平工作至少要进行 3 次。摊铺机摊铺如图 2.107 所示。

混凝土抹面。因底座板表面需拉毛处理,所以混凝土表面无需抹成光面,只要用木抹子抹平即可。

图 2.107　摊铺机摊铺

表面拉毛。对轨道板铺设范围内的底座板顶面进行拉毛,拉毛深度 1~2 mm。

拉毛时间以手指按压混凝土表面,刚好不沾手时为佳。拉毛采用尼龙刷,保证拉毛细密、均匀,且深度基本一致,表面拉毛操作示意图如图 2.108 所示。

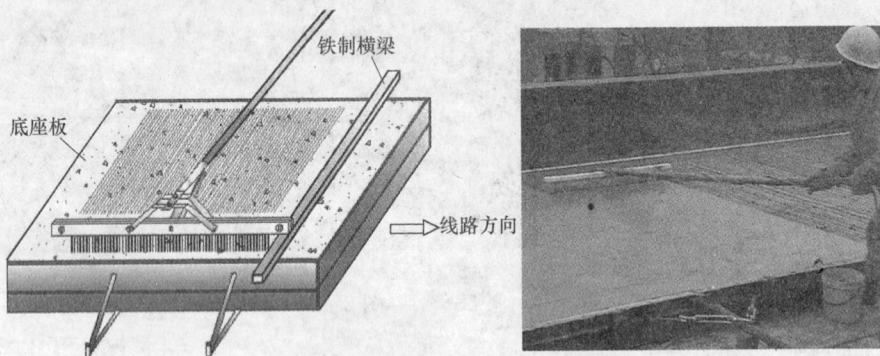

图 2.108　表面拉毛操作示意图

混凝土的养护。须紧跟底座板施工,养护时间一般不少于 7 昼夜。环境温度高于 5 ℃时应洒水养护,以能一直保持底座混凝土面湿润为宜。为保持水分,也可覆盖土工布后再洒水,再在上面覆盖一层塑料薄膜防止水分散失。当昼夜平均气温低于 5 ℃或最低气温低于 −3 ℃时,应按冬期施工处理。浇筑完的混凝土连续 3 d 不低于 +10 ℃,或抗压强度已经达到 5 MPa 时方可受冻。

混凝土拆模后,在曲线地段的底座板,要加设临时侧挡,防止底座板在张拉时横向位移。临时侧向挡块设置的原则为:曲线半径≤2 500 m 时,每个侧向挡块处设置 1 个;曲线半径在 2 500 m～4 500 m 时,每跨简支梁设置 2 处;曲线半径>4 500 m 时,每跨简支梁设置 2 处,见图 2.109 所示。

图 2.109　侧向挡块安装图

底座板施工完成后应进行混凝土施工质量检查及中线、宽度和高程测量检查,其中中线位置允许偏差 10 mm,宽度 0～+15 mm,顶面高程－5～+5 mm,平整度7 mm/4 m。

(7)底座连接施工

底座板连接时混凝土强度必须达到 20 MPa,连接操作是围绕并确保底座板在设计锁定轨温(本书以设计锁定轨温为 20 ℃为例)时处于零应力状态而进行的连接筋张拉施工。所有类型单元段底座板的连接施工均须在温差较小的 24 h 内完成。

底座连接施工主要分四种情况,一是新设临时端刺＋常规区＋新设临时端刺,二是固定端刺＋常规区＋新建临时端刺,三是既有临时端刺＋常规区＋新设临时端刺,四是既有临时端刺＋常规区＋既有临时端刺。

① 新设临时端刺＋常规区＋新设临时端刺连接

常规区两端及两临时端刺后浇带按单元段中心对称原则和顺序进行连接施工,如图 2.110 所示。

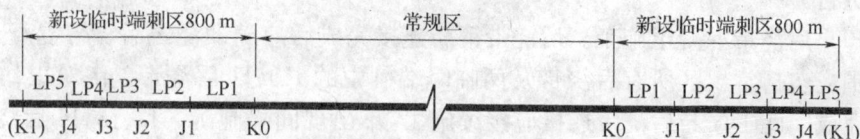

图 2.110　新设临时端刺＋常规区＋新设临时端刺连接图

临时端刺 LP2～LP5 的基准测量。基准测量时间尽可能安排在与底座板连接时间靠近时(即连接温度尽可能与测量时的温度接近)进行。首先进行长度测量:测量 LP1～LP5 段的长度,准确记录各分段长度值;其次进行温度测量,使用预埋在混凝土底座板中的测温电偶测量。一般在中午时分进行,相邻板温不一致时,按两板长度及温度加权平均计算。

各段长度与对应温度测量于底座板连接前进行一次,测量结果应准确记录并保存(以备邻段底座板连接时使用)。此项测量直接关系到后续底座板连接筋张拉距离的确定,非常重要。

常规区板温测量。与临时端刺区板温测量同时进行,并据此计算连接筋张拉值。

底座板钢筋连接(张拉)工序。底座板钢筋连接在板温 30 ℃以下的条件进行。张拉连接时按照规定顺序操作,先部分连接,再完成全部连接。连接要求用手拧紧与用扳手拧紧有着重大区别,施工时必须严格控制掌握。

a. 临时端刺中的 BL1(共 4 个)的预连接,按 J4→J3→J2→J1 的顺序将钢筋连接器螺母用手拧紧(临时端刺开始能够承载时进行)。

b. 首批连接施工。先连接与临时端刺接壤（K0 处）的前 10 个常规区后浇带钢筋，后依次连接 K0、J1、J2、J3 后浇带钢筋（4 后浇带钢筋于相邻单元段底座板连接时张拉，同时 J2、J3 需进行张拉调整）。例如底板锁定轨温为 20 ℃时，连接分 3 种情况进行。

当板温为 $T<20$ ℃时，通过计算确定连接钢筋的张拉距离。（J3 范围内钢筋张拉距离按 J2 的 1/3 计，其余直接按计算结果采用）。此时的拧紧操作应是先用手拧紧，在此基础上，钢筋连接器中的非拧紧端螺母松开预留张拉距离（按计算结果），再用扳手拧紧（张拉）。

当板温为 20 ℃$\leqslant T\leqslant$30 ℃时，钢筋连接器螺母用手拧紧螺母即可，即张拉距离为 0。

当板温为 $T>30$ ℃时，不允许拧紧螺母，且底座板应采取降温措施。待板温降到 30 ℃以下时再连接。

c. 补充连接施工。连接常规区其余后浇带连接筋，此工序在连接 K0、J1、J2、J3 之后进行。

BL1 后浇带混凝土施工。后浇带钢筋连接完成后应随即浇筑后浇带混凝土，浇筑范围应包括常规区所有后浇带及两临时端刺中的 K0、J1 后浇带。浇筑工作 24 h 以内完成。此工序与后浇带连接应接续施工，不出现间隔施工。J2、J3、J4 后浇带于相邻单元段底座板连接后再施工。

BL2 后浇带混凝土施工。BL2 后浇带设于临时端刺的固定连接处（每孔梁上 1 个），分为早期固定连接和后期固定连接，早期固定连接在单元段底座板钢筋连接完成 3~5 d 后（底座板内的应力调整期）进行，位置在 LP2 范围内与 LP2 相邻的两个固定连接后浇带（左右线要错开两个梁段位置），两临时端刺后浇带对称施工。后期 BL2 后浇带混凝土在相邻单元段底座板连接后再施工。

② 固定端刺＋常规区＋新设临时端刺

连接工序、工艺与"新设临时端刺＋常规区＋新设临时端刺"模式类同，区别是不再存在两端刺范围对称连接施工问题，如图 2.111 所示。

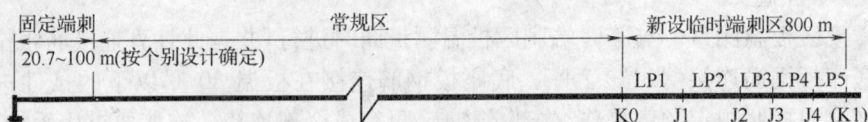

图 2.111　固定端刺＋常规区＋新设临时端刺连接

③ 既有临时端刺＋常规区＋新设临时端刺连接

此类平面布置中的常规区与新设临时端刺的连接与"新设临时端刺＋常规区＋新设临时端刺"模式中的相关要求类同。既有临时端刺与常规区的连接有其独特要求，两类临时端刺与常规区的连接施工要对应施工，同步完成，如图 2.112 所示。

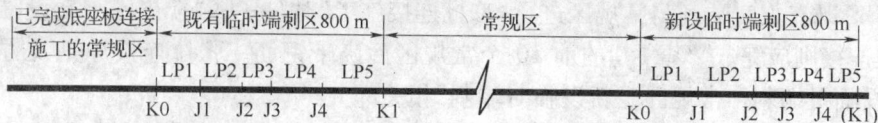

图 2.112　既有临时端刺＋常规区＋新设临时端刺连接

既有临时端刺与常规区的连接施工：

a. 既有临时端刺后浇带（J4、J3、J2）张拉值的确定

此工作在既有临时端刺 LP2～LP5 段首次"基准测量"的基础上进行。需要再次测量既有临时端 LP2～LP5 各基段长度及板体温度，并于底座板连接之前进行（尽量与连接时间靠近）。根据 LP2～LP5 段第二次测量结果（温度及长度），对比该临时端刺的首次"基准测量"数据，计算 LP2～LP5 各板段温度荷载下的变形值，以此确定 J4 后浇带连接钢筋张拉值并修正 J3、J2 后浇带钢筋张拉值。

b. 常规区底座板温度测量

常规区与临时端刺温度测量同时进行，并据此计算连接筋张拉值。测量原则与"新设临时端刺＋常规区＋新设临时端刺"同。

c. 底座板连接钢筋的张拉工序

连接筋张拉预连接施工。连接范围为 K1 及所有常规区 BL1 后浇带。连接方式为用手拧紧钢筋连接器螺母。另一端常规区与新设临时端刺的连接对应施工。

首批连接施工。连接范围为邻靠 K1 的 10 个（至少）常规区 BL1 后浇带。张拉连接方式及张拉距离根据底座板温度确定，即按 T＜20 ℃、20 ℃≤T≤30 ℃、T＞30 ℃三种情况区分。各类情况下的连接工艺类同"新设临时端刺＋常规区＋新设临时端刺"相关要求。

补充连接施工。连接范围为 K1 及常规区所有剩余 BL1 后浇带。具体工序要求同"首批连接施工"（前 b 条）。另一端常规区与新设临时端刺的连接对应施工（具体要求后述）。

既有临时端刺 J4、J3、J2 的调整张拉。按计算确定的调整张拉值以 J4→J3→J2 顺序进行张拉连接。张拉施工应在连接器螺母原有紧固基础上单端调整螺母（即不破坏板内已产生的应力状态，以防造成临时端刺失效并破坏下部结构）并张拉，不可解开重张。

常规区与新设临时端刺的连接施工：

a. 既有临时端刺与常规区进行"连接筋张拉预连接施工"时，另一端常规区与新设临时端刺的连接则应顺序完成 J4、J3、J2、J1 的钢筋预连接，其连接器螺母用手拧紧。

b. 既有临时端刺与常规区进行"首批连接施工"时，另一端常规区与新设临时端刺的连接则应完成邻靠 K0 的前 10 个常规区后浇带钢筋。张拉连接原则及方式同"新设临时端刺＋常规区＋新设临时端刺"相关部分。

c. 既有临时端刺与常规区进行"补充连接施工"时，另一端常规区与新设临时端刺的连接则应顺序完成 K0、J1、J2、J3 的钢筋连接。其后配合既有临时端刺与常规区的连接施工，一同完成剩余常规区后浇带的钢筋连接。张拉连接原则及方式同"新设临时端刺＋常规区＋新设临时端刺"相关部分。

BL1 后浇带混凝土施工：

"既有临时端刺＋常规区＋新设临时端刺"模式完成钢筋连接施工后，立即进行既有临时端刺中的 J2、J3、J4 及常规区所有 BL1 后浇带(包括 K1)混凝土灌注施工。连接与混凝土灌注工序不出现间隔时间。所有混凝土灌注施工 24 h 内完成。新设临时端刺中的 J2、J3、J4 待与后续施工单元段连接(包括调整张拉)施工后再灌注混凝土。

BL2 后浇带混凝土施工：

新设临时端刺中部的两个固定连接后浇带(BL2)施工类同"新设临时端刺＋常规区＋新设临时端刺"有关要求；既有临时端刺中的剩余固定连接后浇带(BL2)混凝土应于单元段钢筋连接完成 10 d 后进行。

④ 既有临时端刺＋常规区＋既有临时端刺连接

既有临时端刺后浇带(J4、J3、J2)张拉值的确定同前述"既有临时端刺与常规区的连接施工"有关要求，如图 2.113 所示。

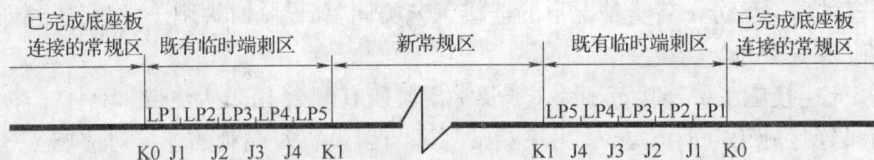

图 2.113　既有临时端刺＋常规区＋既有临时端刺连接

常规区底座板温度测量同前述"新设临时端刺＋常规区＋新设临时端刺"部分有关要求。

底座板钢筋张拉连接施工类同"既有临时端刺与常规区的连接施工"有关要求，需要强调的是两端开展的"既有临时端刺与常规区的连接施工"应相对于单元段中心对称、同步进行。

BL1 后浇带混凝土施工。按上述工序要求完成钢筋连接施工后,立即对两个既有临时端刺中的 J2、J3、J4 及常规区所有 BL1 后浇带(包括 K1)进行混凝土灌注,施工从两端向单元段中心部位相向对称进行。钢筋连接与混凝土灌注工序不出现间隔时间。所有混凝土灌注施工 24 h 间内完成。后浇带端头模板推荐采用钢模,专门加工制做,模板固定采用特制钢夹(可调节长度的),钢夹横跨底座板(宽度),通过调节装置拧紧并固定端模。亦可采用拉筋将侧模固定。拆除时将模板取下后再将拉筋端头截断即可。

BL2 后浇带混凝土施工。既有临时端刺中的剩余固定连接后浇带(BL2)混凝土于单元段钢筋连接完成 10 d 后进行。两既有临时端刺 BL2 混凝土宜对称灌注施工,当天完成。

施工完成的钢筋混凝土底座如图 2.114 所示,混凝土底座板外形尺寸允许偏差见表 2.10。

表 2.10　混凝土底座板外形尺寸允许偏差

序号	检查项目	允许偏差(mm)
1	中线位置	10
2	宽度	0,+15
3	顶面高程	±5
4	平整度	7/4 m
5	厚度	±10 设计厚度

图 2.114　施工完成的钢筋混凝土底座

5)台后锚固结构施工

台后锚固结构施工基本工艺流程如图 2.115 所示。

台后锚固结构施工包括台后端刺、摩擦板、过渡板的施工。台后端刺、摩擦板、过渡板结构形式、尺寸应符合设计要求。摩擦板、过渡板施工前,应对路基表层平面、高程及密实度等进行检查验收。路基填筑质量应符合相关技术要求。

(1)端刺施工

端刺设计图如图 2.116 所示。端刺施工宜与台后路基填筑同步施工,也可以后期开挖施工。当路基填筑(开挖)至端刺底座板设计底标高后,先在端刺底座板范围内施工 10 cm 厚混凝土垫层,垫层混凝土达到一定强度后在其上绑扎端刺底座板钢

筋并立模,然后浇筑端刺底座板混凝土。

端刺底板混凝土浇筑完成并达到一定强度后施工端刺竖墙。端刺竖墙施工前,应对结合面进行凿毛处理。端刺竖墙钢筋绑扎时,先布置架立钢筋,保证钢筋网安装完成后位置准确,人工绑扎成形。钢筋与模板之间采用混凝土垫块支垫,垫块的强度不低于本体混凝土的设计强度,满足保护层要求。

混凝土浇筑完毕,应再次检测端刺与摩擦板的连接钢筋,确保钢筋保护层厚度符合相关技术要求。竖墙混凝土拆模并达到75%设计强度后,再分层填筑路基至摩擦板底标高。

为防止路基填筑中振动对端刺结构造成破坏,以下部位在填筑时采用小型冲击夯夯填:在填筑底板侧边时,周围1.5 m;在填筑竖墙侧边时,底板顶填土小于1 m,竖墙周围2 m。

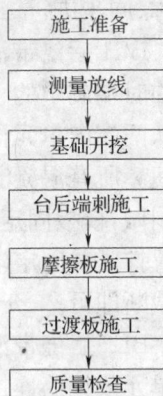

施工准备

测量放线

基础开挖

台后端刺施工

摩擦板施工

过渡板施工

质量检查

图 2.115 台后锚固结构施工基本工艺流程

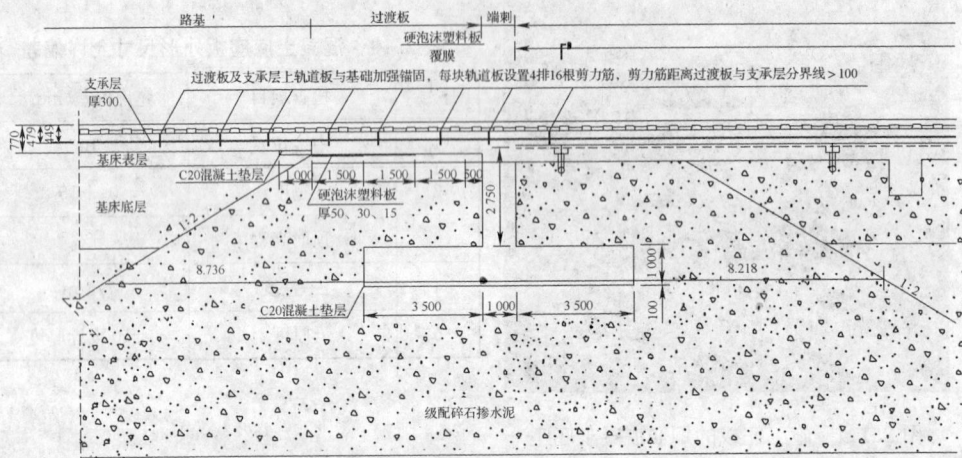

图 2.116 端刺设计图(单位:mm)

端刺外形尺寸允许偏差应符合表 2.11 的规定。

表 2.11 端刺外形尺寸允许偏差

序　号	检 验 项 目	允许偏差(mm)
1	中线位置	20
2	顶面高程	～20
3	截面尺寸	+20 0

（2）摩擦板施工

过渡段路基土堆载预压完成并验收合格后，测放摩擦板中心线和高程控制线，方可开始施工摩擦板。

填筑的水泥级配碎石终凝后进行摩擦板齿部开挖。摩擦板齿部开挖采用液压破碎锤配合液压反铲开挖。开挖过程中要确保齿部轮廓线以外水泥级配碎石不为机械破坏和扰动，开挖开口线控制在白灰线以内，剩余部分采用人工修整。

摩擦板下的锯齿部分钢筋绑扎完成后，直接绑扎摩擦板其余部分的钢筋，同时将侧向挡块、泄水管等预埋件准确安装就位。侧向挡块预埋件安装平面位置允许偏差5 mm。

摩擦板混凝土应一次浇筑完成，不留施工缝。混凝土浇筑时，先浇筑摩擦板下的锯齿部分，再浇筑其余部分，采用振捣器分层振捣。摩擦板表面应抹平，排水坡度应符合设计要求。

摩擦板混凝土表面凿毛施工应采用专用工具进行。预裂缝按设计位置采用切缝工具施工，并避开侧向挡块设计位置，切缝完成后应按设计将切缝用弹性材料灌注处理。

摩擦板上高强度挤塑板、土工布及土工膜的施工部位、铺设方式和细部做法等应符合相关规定和设计要求。

摩擦板外形尺寸允许偏差应符合表 2.12 的规定。

表 2.12　摩擦板外形尺寸允许偏差

序　号	检验项目	允许偏差(mm)
1	中线位置	10
2	顶面高程	±20
3	截面尺寸	$^{+20}_{-5}$
4	平整度	7/4 m

（3）过渡板施工

在过渡板范围的级配碎石上按设计要求施工台阶状素混凝土垫层，确保高强度挤塑板与底面接触严密。从距端刺竖墙边 50 cm 位置向路基方向依次铺放 3 块长度均为 1.5 m，厚度分别为 1.5 cm、3 cm、5 cm 的高强度挤塑板。过渡板混凝土施工，外形尺寸允许偏差可参照底座施工。过渡板与轨道板应按设计要求进行锚固连接。

6）轨道板运输及存放

一般情况，轨道板从工厂运到铺设地点需要经过三次运输，即：第一次由工厂运

输到临时存板厂;第二次由临时存板厂运输到桥下,再经汽吊吊装上桥,如图 2.117 所示;第三次由双向运板车运输到铺设位置,并由铺板龙门吊粗放到位。

在铺板工地附近,修建存放轨道板的临时存板场和与正式道路相连的运输便道。存板场内地基硬化处理,设置排水沟,修筑长 3 m×宽 0.5 m×厚 0.3 m 的钢筋混凝土存放台座。30 平板汽车运输轨道板,每车运输 3 块,层与层轨道板间采用 4 块 20 cm 见方的硬杂木支垫,支垫硬杂木按"四点支承、三点平衡"置于轨道板两端第二至第三承轨槽之间。运输途中,在平板汽车的四周加装挡板和缓冲垫块,以保证轨道板的稳定。在临时存放场内,存放轨道板最多不超过 8 层,层与层轨道板间仍采用硬杂木支垫。轨道板的运输和存放,需要根据设计图和施工流程进行编排,不得任意运输、存放。

轨道板工地及桥上运输:提前沿线路修建贯通便道。当施工便道不能满足汽吊直接将轨道板吊装到铺设位

图 2.117　轨道板吊装上桥

置时,沿线路 1 000 m 间距设置提板站。施工之前,将50 t汽吊、双向运板车、铺板龙门吊等通过 200 t 汽吊由桥下直接吊装到桥面,在桥上布置 50 t 汽吊直接将轨道板由桥下吊装到桥面,并由双向运板车沿底座混凝土运输轨道板至铺设位置,再由铺板龙门吊完成轨道板精铺。当在未施工后浇带的底座混凝土面运输、散铺轨道板时,为保证运板车平稳通行,需在后浇带接缝处铺设带支腿的槽钢,槽钢上再铺设 1 000 mm×1 000 mm×20 mm 钢板。

7)轨道板铺设

轨道板铺设基本工艺流程如图 2.118 所示。

(1)轨道板安置点及基准点测设

① 放样定位

在轨道板铺设前,先进行轨道板铺设位置测量放样。

圆锥体是 CRTS Ⅱ 型板粗放定位的辅助装置,它可使轨道板铺设精度达到10 mm,减少随后的精调位

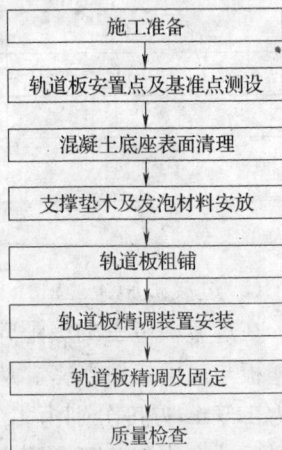

施工准备

↓

轨道板安置点及基准点测设

↓

混凝土底座表面清理

↓

支撑垫木及发泡材料安放

↓

轨道板粗铺

↓

轨道板精调装置安装

↓

轨道板精调及固定

↓

质量检查

图 2.118　轨道板铺设
基本工艺流程

移量。定位锥用硬塑料做成,高约 120 mm,最大直径130 mm,中心有一直径为 20 mm的圆孔,定位锥如图 2.119 所示。

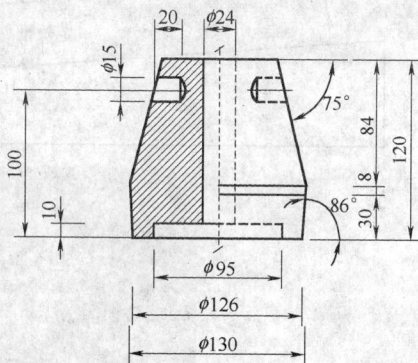

图 2.119 定位锥(单位:mm)

轨道板基准点(GRP 点)应用专用金属标志以植筋方法垂直固定于混凝土底座板或支承层表面,放样后的轨道基准点应与 CPⅢ控制点联测,并经平差软件计算通过后方可进行下一步轨道板精调,其平差计算后的两相邻基准点相对误差为:平面±0.2 mm,高程±0.1 mm。

依据布设在防撞墙及接触网杆上的轨道设标网(平面精度 1 mm,高程精度0.5 mm),测设每块轨道板的基准点 GRP 和圆锥体安放点,同时测设出轨道板铺设位置的边线,并在支承层或底座板上用墨线弹出。轨道板粗铺靠定位锥定位,操作工人在精调测量系统测量前即可依据弹出的边线对轨道板平面位置进行更精确的调整,加快精调速度。

定位锥点和基准点设圆形凹槽内,距底座中心线距离均为 100 mm。曲线地段轨道板定位锥点设在曲线外侧;直线地段宜置于线路中线同一侧。基准点和定位锥位置如图 2.120 所示。

② 铺板定位圆锥体安装

在测设的定位锥点上采用电钻垂直于支承层或底座板表面钻设直径为 20 mm 的孔洞,钻孔深度在直线上或超高不大于 45 mm 的曲线路段为 150 mm,在超高 >45 mm的曲线地段孔深为 200 mm。

用高压风枪吹干净孔内粉尘,植入 ϕ16 mm 精轧螺纹钢作为定位锥锚杆,锚杆周围以树脂胶固结。该锚杆既用于轨道板粗铺所需的定位圆锥的固定,也是灌注水泥乳化沥青砂浆时用于限制轨道板上浮的扣压板的固定。轨道板粗铺后即可拆除圆锥体,轨道板垫层灌浆达一定强度以后,在拆除压紧装置的同时拆除锚杆。轨道板粗铺

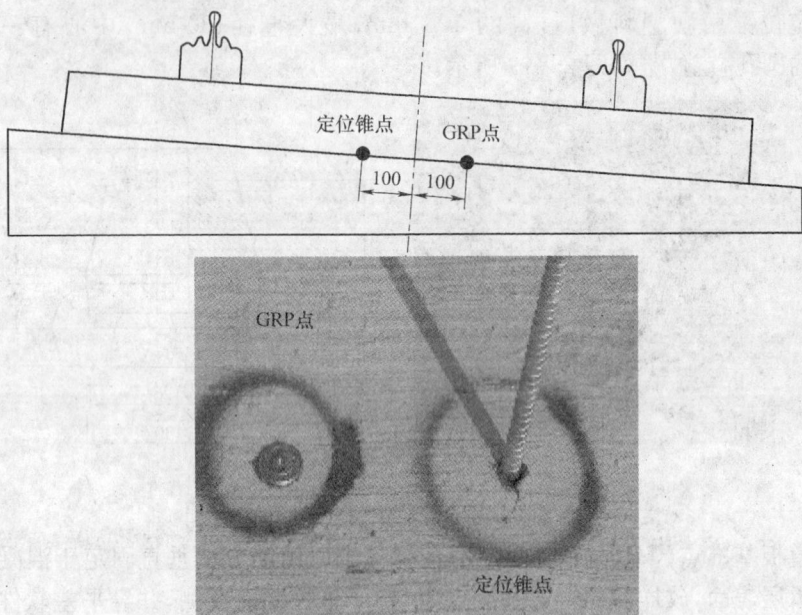

图 2.120　基准点和定位锥位置示意图(单位:mm)

后拆除圆锥体如图 2.121 所示。锚杆为可重复利用部件,长 550 mm,螺纹螺距 10 mm。为方便下次旋出,在每次锚固前,植入部分要用黄油均匀、薄层、紧密涂抹。

在定位锥锚杆上套入定位锥,待树脂胶灌注 1~2 h 达一定强度后再用翼形螺母将定位锥压紧固定。

(2)轨道板粗铺

混凝土底座或支承层强度达到设计强度的 70%后,方可粗铺轨道板。轨道板粗铺采用铺板龙门吊完成。

图 2.121　轨道板粗铺后拆除圆锥体

① 复测底座板或支承层标高。铺板前一定要对所铺设处的底座板或支承层标高进行复测,确保板腔最小空间不小于 2 cm(控制在 2~4 cm 内),同时对于精调爪位置处预留 2.5 cm 的空缺,避免不能精调到位。

② 轨道板接地端子预留孔靠防护墙一侧,要求在存板点倒板或运输至上板点时

就要求放置正确,不容许轨道板在上板过程或上桥后进行旋转调整轨道板的方向性。

③ 清洁轨道板。轨道板在线下长时间存放时,轨道板表面易积存大量灰尘及泥浆等其他污染物,轨道板上线前应先在线外进行清洁,表面用高压风进行清理,板底需采用高压水枪彻底清洁。

④ 清洗底座混凝土表面。利用高压水枪清洗底座混凝土表面,以防止泥块和混凝土碎片影响水泥乳化沥青砂浆灌注。将定位圆锥套入 GRP 点旁边的锚杆钢筋,用蝶形螺母固定。

⑤ 粘贴弹性密封止浆垫。轨道板(所有表面)和底座板面清洁后,在轨道板底面每个精调千斤顶安装位置处用粘胶粘贴弹性密封止浆垫。止浆垫为"U"形结构,长为 20~25 cm,宽 5 cm,其厚度约为板缝厚度的 1.5~2.0 倍,将精调千斤顶底端完全包裹,确保铺板后压实密封不漏浆。当轨道板采用高压水枪清洗时,应先用干抹布吸干止浆垫安装处的水分,再进行止浆垫粘贴。弹性密封止浆垫如图 2.122 所示。

图 2.122 弹性密封止浆垫

⑥ 上板粗铺前必须核对轨道板编号与里程位置的对应(唯一性),以及轨道板 L、R 位置注意区分正确,分别为左、右线。核对轨道板编号与底座板铺板位置处的标示号,确保轨道板"对号入座"后,采用汽车吊将待铺板吊装至正确位置。轨道板朝向应与设计保持一致,即轨道板上表面有圆锥形小坑的一端始终应朝向火车前进的方向(即左线为小坑对应大里程,右线小坑对应小里程)。

⑦ 安放轨道板木条垫。在待铺轨道板支承层或底座板上每块板放置 6 个轨道板支点,置于轨道板精调装置旁(注意不要影响 U 形泡沫的安装),支点材料为30 mm×30 mm×350 mm 木条,如图 2.123 所示。板块两侧前、中、后各 1 根,木条应垂直线路中心线紧靠板底精调装置安放位置铺放。

⑧ 铺板龙门吊吊运轨道板粗定位。根据轨道板两端定位锥点位置,铺板龙门吊

将轨道板移至定位锥正上方,然后将轨道板缓慢放下。安装人员在轨道板四角扶住轨道板,使轨道板一端和已安装好的轨道板对齐,另一端将轨道板的圆形凹槽直接定位在圆锥体上,同时调整支点木条位置,以免木条侵入精调千斤顶安放位置,然后将轨道板放在垫木上,完成粗铺作业,粗铺轨道板平面位置精度控制在 5 mm 之内。铺板龙门吊吊运轨道板粗定位如图 2.124 所示。

图 2.123　铺板用木条垫图示　　图 2.124　铺板龙门吊吊运轨道板粗定位

⑨ 相邻两块板均铺设完毕后,利用夹具将圆锥体从板缝间取出,重复使用。

(3)轨道板精调装置安装

轨道板精调包括测量和调整两部分内容,是 CRTS Ⅱ 型板式无砟轨道铺设的核心技术之一。

轨道板测量和精调过程:首先以带强制对中杆的全站仪和后视棱镜在铺板基标 GRP 点上建立空间坐标网,再通过全站仪——读取轨道板前、中、后三个位置上的测量标架左、右位置的空间坐标,之后全站仪以无线方式将测量数据输入工控计算机,工控计算机实时处理各测量点坐标的测量值与设计值的差值,并——输出,布置在轨道板四周的显示器显示调整量,施工人员根据显示值调整轨道板调节器,通过反复几次的测量和调整,即可完成单块轨道板的精调和定位。

① 设标网的复测

精调施工前,应对精调段设标网进行复测检核,并向施工单位提交设标网复测测量成果。施工单位接到设标网成果数据后,再进行一次复核,确认无误后方可开始精调施工。

② 安装轨道板精调装置

在待调板前、中、后部位左右两侧共安装 6 个精调装置。其中,前、后两端 4 个精调装置可以进行竖向和横向调节,安装在轨道板中部的 2 个精调装置只可竖向调节。

精调千斤顶如图 2.125 所示。精调千斤顶使用前应对相关部位进行润滑,双向调节千斤顶在安装前将横向轴杆居中,使之能前后伸缩大约有 10 mm 的余量,以避免调节能力不足需倒顶而影响调节施工。精调千斤顶安装后,取出支点垫木,集中转运至粗铺板作业面处重复利用。

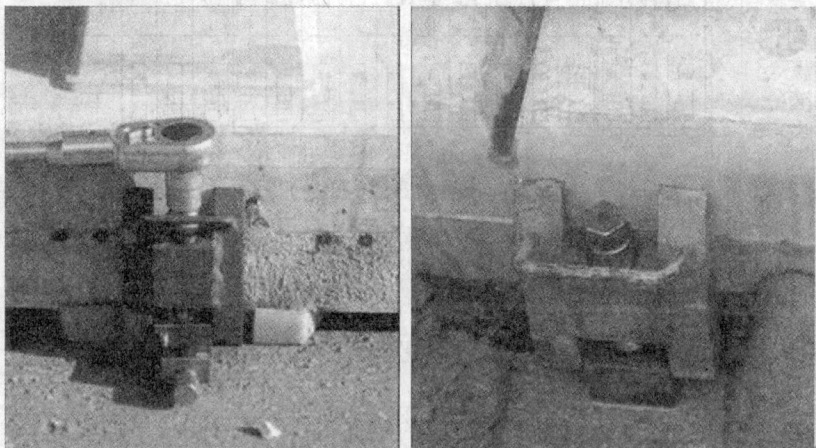

图 2.125 精调千斤顶

③ 校验测量标架

为了确保轨道板精调的精确度,精调前需要对测量标架进行校验。此项工作一般在制板厂进行,先把已与轨道板几何位置经过校对的标准测量标架放到标准轨道板的一对承轨台上,利用全站仪对安装在标架上面对两个棱镜进行坐标测量记录,然后取走标准支架,将其他 4 根标架放上去进行坐标测量,测出 4 根标架与标准架之间对差值,经计算后代入到数学模型中,在以后的施工作业中进行数据自动改正,达到校验的目的。

④ 全站仪建站、初始定向

全站仪建站时精调测量仪器安放位置如图 2.126 所示。

在待调整轨板铺设方向前方第一块板和第二块板间的基准点上(GRP 点)上架设并调平全站仪。在待精调板紧临的两块已精调完毕的轨道板间基准点上架设定向棱镜。面对仪器方向测量标架Ⅰ安置在第 1 个轨枕上;测量标架Ⅱ安置在第 6 个轨枕上;测量标架Ⅲ安置在第 10 个轨枕上;测量标架Ⅳ安置在已铺设好的轨道板的第 1 轨枕处。该标架用来定向和控制轨道板过渡。

开启无线电装置或连接通信电缆建立全站仪与电脑系统间联系,对全站仪进行初始定向和精调软件数据初始化。具体做法为打开精调工控机,在精调系统菜单中选定选项程序,调入理论坐标信息、轨道板文件数据,输入当时作业的轨道属性、轨道

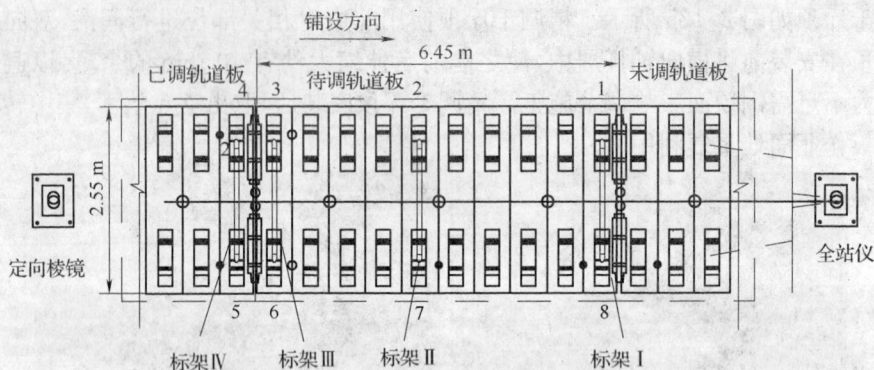

图 2.126　精调测量仪器安放位置示意图

板号、时间、人员、天气等信息，读取传感器上的温度，按照程序询问逐项输入相关数据，如仪器高，全站仪站点，是否参考前块板等，依次根据实际情况输入，按确定键确认。在测量开始之前，需要进行定向测量，为全站仪确定初始方向。如果参考前块板，那么之前精调好的坐标也用于全站仪的定向，并依据预调结果加权计算，如果不参照上块板，则只输入的定向棱镜处的控制点号。数据输入完毕后，确认，进入下一步进行测量。定向测量校核：在输入的第一个控制点进行测量后，系统自动跟踪其余各参考点进行测量，由测量值计算出定向参数来，接着，程序输出定向误差，如果有超过了配置文件中所设定的限差，程序则会出现提示，则需要检查输入数据或重新测量。第一个控制点需要人工对准。

（4）轨道板精调

先调 1 号、8 号点。测量 1 号、8 号点时，可采用单点测量，亦可采用跟踪测量，在 1 号标架上设有倾角传感器，采用视距法测定棱镜 1，再借助倾角传感器得到棱镜 8 的高差或采用视距法测定棱镜 8，再借助倾角传感器得到棱镜 1 的高差。通常采用跟踪测量，在跟踪测量时，工人调板的时候可显示板的位置和高程，工人可根据显示器上显示的数据调板。跟踪测量的缺点为精度不高。在调板时，1 号、8 号点的两工人要同时以同样的速度同样的频率拧动扳手，先调方向，再调高程。如果不同步，就有可能将板底的钢板拉出，或者精调千斤顶蹦出或高程、方向出现大幅度的变化，影响精调。1 号、8 号点调完后，接着采用跟踪测量分别测出 3 号、6 号棱镜高程及板的位置。通过 1 号、3 号、6 号、8 号棱镜对板的横向位置和高程的偏移进行改正后，接着测量 2 号、7 号棱镜，对板中央处的弯曲进行测定。精调完毕后，取出已精调完毕的两块板间的定位锥，以重复利用。

当轨道板调整完毕、误差满足要求后，对轨道板实际安装位置对数据进行备份。

然后进行下一块板的调整。轨道板精调如图 2.127 所示。

(5)安装轨道板压紧装置

为防止轨道板精调后扰动和砂浆灌注时轨道板上浮或侧移,轨道板精调定位后应及时安装扣压紧装置,对板的两端中部及板的两侧中部同时进行扣压,扣压装置如图 2.128 所示。扣压装置由槽钢和 8 mm 钢板以及锚固在底座板中的锚杆和翼形螺母构成。

图 2.127　轨道板精调

直线段,在轨道板上安装 6 个扣压装置,板端中部各设置 1 个一字形固定装置,板的中间两侧各设置 2 个 L 形固定装置,利用圆锥体锚杆和翼形螺母固定。当曲线地段超高达到 45 mm 及以上时在轨道板两侧各增加 2 个侧向扣压装置。板端中部各设置 1 个一字形固定装置,板的中间两侧各设置 3 个 L 形固定装置(对称布置在中部精调爪的两侧)利用圆锥体锚杆和翼形螺母固定。

(a)中间扣压装置　　　　　　　(b)侧面扣压装置

图 2.128　扣压装置

侧面扣压装置锚杆距板边 8.5 cm 左右,纵向离开精调装置 20 cm,中间的一个扣压装置位于第 5 个承轨槽正中。用电动冲击钻打孔,深度 10～15 cm,锚杆必须垂直于底座板,扣压装置和轨道板的搭接长度应在 3 cm 以上。水泥沥青砂浆灌注并硬化后将扣压装置拆除。

(6)质量检查

轨道板与混凝土支承层或底座的间隙不应小于 20 mm,最大不宜超过 40 mm。轨道板精调定位后的允许偏差应符合表 2.13 的规定。

表 2.13　轨道板铺设定位偏差

序　号	检查项目	允许偏差(mm)
1	高　程	±0.5
2	中　线	0.5
3	相邻轨道板接缝处承轨台顶向相对高差	±0.3
4	相邻轨道板接缝处承轨台顶面平面位置	0.3

8)水泥乳化沥青砂浆灌注

(1)轨道板复检

轨道板精调后应采取防护措施,严禁踩踏和撞击轨道板,并及时灌注水泥乳化沥青砂浆充填层。如果轨道板放置的时间过长,或环境温度变法超过 10 ℃,或受到轨道板位置变化的外部条件影响时,必须进行复测和必要的调整,确认满足要求后,方能进行水泥乳化沥青砂浆充填层灌注施工。

板下充填层施工前,应对轨道板是安装质量、支承层或底座板与轨道板间的间隙高度等进行复检,应符合要求。

(2)轨道板封边

用 M10 耐候性水泥砂浆密封轨道板侧向边缝。预先洒水湿润底座和轨道板表面混凝土。以白铁皮(长 50 cm,宽 15 cm)紧贴轨道板挡住侧向边缝,人工在白铁皮外侧用抹刀将拌好的砂浆沿侧向边缝堆成高、宽各 8 cm 的三角形状并压光抹平,抽出白铁皮,再用抹刀对砂浆表面略施压力即可,轨道板纵向封边如图 2.129 所示。砂浆硬化前,用直径 2 cm 的木棍在轨道板两侧按前、中、后六个位置各设置 1 个小孔(共 6 个),作为砂浆灌注时的观测孔和排气孔,排气孔应紧贴轨道板底向上留出。轨道板端部采用稠度较大的水泥乳化沥青砂浆封边,高度高于轨道板底面 2 cm。

(3)水泥乳化沥青砂浆灌注

①水泥乳化沥青砂浆配合比设计

无砟轨道施工前,施工单位在理论配合比的基础上根据水泥乳化沥青砂浆原材料特

图 2.129　轨道板纵向封边示意图

性、气候条件、施工组织及工艺要求等影响因素,进行试验,确定砂浆初始配合比。砂浆充填层施工前,采用初始配合比进行工艺性放大试验,并经型式检验确定砂浆基本配合比、拌制工艺参数、灌注工艺参数。

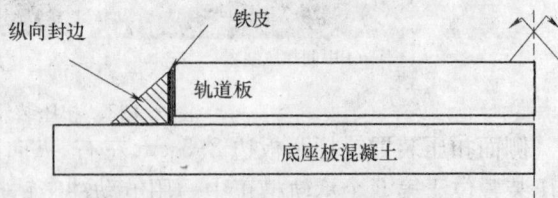

② 水泥乳化沥青砂浆的制备

水泥乳化沥青砂浆采用专用设备(移动式水泥乳化沥青砂浆拌和车)进行拌制。设备及计量系统经校核后方可使用,正常使用时每周应对设备及计量器具校核一次。水泥乳化沥青砂浆移动搅拌车搅拌时,通过操作触摸式显示屏,输入配合比、搅拌时间及搅拌机转速、加料顺序、搅拌量等参数后,开启搅拌程序后水泥乳化沥青砂浆搅拌车即可完成水泥乳化沥青砂浆料的制备。

③ 水泥乳化沥青砂浆的吊装和运输

水泥乳化沥青砂浆搅拌好后,将足够灌注 1 个轨道板的水泥乳化沥青砂浆倒入 1 个中转仓内,由桥下的 50 t 汽车吊将水泥乳化沥青砂浆中转仓吊装上桥,再利用桥上跨单线轨道板的轮胎式运输平车将中转仓运输到灌浆地点。

④ 水泥乳化沥青砂浆灌注

水泥乳化沥青砂浆灌注按"随调随灌"的原则组织,其施工应紧随轨道板精调完成之后进行。轨道板灌注前,复测轨道板线性和扣压板的稳定性,在轨道板上安装测试上浮量的百分表,用带平面旋转喷头的高压喷雾水枪从轨道板的三个灌浆孔中对底座和轨道板表面混凝土浇湿湿润,但不得有积水。

为防止灌浆时砂浆泄漏造成砂浆对轨道板的污染,在轨道板灌浆口处覆盖一层土工布,在土工布上掏一 $\phi 20$ cm 的孔洞安装灌注用的 PVC 管,PVC 管要求高出轨道板顶面不小于 30 cm,PVC 管的底部不得低于轨道板底面以免防碍砂浆流动,PVC管直径 155 mm,壁厚 5 mm,下方 70 mm 沿管壁切割缩小后用胶带缠绕密实。漏斗加上 PVC 管的高度不得超过 1 m 以防砂浆离析。土工布与 PVC 管如图 2.130 所示。

图 2.130 土工布与 PVC 管

图 2.131 水泥乳化沥青砂浆灌注

中转仓中装满水泥乳化沥青砂浆浆体,其出料口与灌浆导管连接至轨道板中间的灌浆孔。灌浆导管是 1 根带有阀门的可弯曲的塑料导管,砂浆自由倾落高度不宜

大于 1.5 m,水泥乳化沥青砂浆灌注如图 2.131 所示。开启阀门后,将水泥乳化沥青砂浆灌注到轨道板中间的灌浆孔,观测轨道板两端灌浆孔上的 PVC 套管和两侧的排气观测孔,待排气孔排出正常的水泥乳化沥青砂浆后,立即采用棉纱或软木塞进行封堵,如图 2.132 所示,当所有的排气孔处都排出水泥乳化沥青砂浆,全部 PVC 套筒内的水泥乳化沥青砂浆表面都高于轨道面且不回落时,即可关闭阀门,完成 1 块轨道板的灌注。

水泥乳化沥青砂浆灌注完成后,拆除灌浆软管后,将水泥乳化沥青砂浆中转仓按原路返回到桥下,进行下一块轨道板的灌注。砂浆处于初凝状态(不具流动能力)时,将灌浆孔中多余的砂浆掏出,使砂浆表面高出轨道板底面约 10~15 cm,拆除 PVC 套管。为保证后续封孔混凝土与垫层砂浆的良好连接,在垫层砂浆轻度凝固时将一根 S 形钢筋从灌浆孔插入至垫层砂浆中,S 形钢筋由一根长约 23 cm(ϕ6 mm)的 HRB335 的圆钢制成,S 形钢筋安装如图 2.133 所示。然后,清理灌浆后留下的痕迹,保证场地灌浆后清洁。

图 2.132 用软木塞封堵排气孔

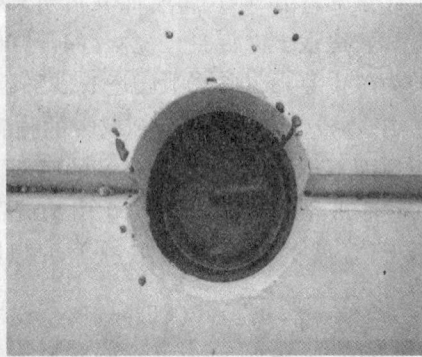

图 2.133 S 形钢筋安装

⑤ 水泥乳化沥青砂浆养护采用自然养护方式,当日最低气温在 0 ℃以下或在 35 ℃以上时,应对新灌注的砂浆采取适当的保温或覆盖降温措施。当气温高于 40 ℃或低于 5 ℃时,不允许进行砂浆灌注施工。当天最低气温低于 −5 ℃时,全天不允许进行砂浆灌注。雨天不得进行水泥乳化沥青砂浆施工,并对灌注后未硬化的水泥乳化沥青砂浆进行覆盖,防止雨水进入轨道板底。

⑥ 当水泥乳化沥青砂浆膨胀完成后,可拆除扣压装置。当水泥乳化沥青砂浆的最小抗压强度达到 1 MPa 以后方可拆除轨道板精调装置;最小抗压强度达到 3 MPa 后才允许在轨道板上承重。

⑦ 轨道板灌浆后,轨道板位置允许偏差应符合表 2.14 的规定。

表 2.14 轨道板灌浆后位置允许偏差

序　号	检查项目	允许偏差(mm)
1	高　程	±2
2	中　线	2
3	相邻轨道板接缝处承轨台顶向相对高差	±0.6
4	相邻轨道板接缝处承轨台顶面平面位置	0.6

9)轨道板纵向连接

轨道板纵向连接需以单元施工段为基本段落,张拉时的温度要与底座温度相匹配。精调单元段内轨道板的连接分批进行;靠近临时端刺 240 m 的常规区为过渡段,此段在临时端刺后浇带尚未完成全部连接前(即临时端刺未与下一段底座板连接前)只可进行窄接缝灌注施工,不进行张拉锁拧紧及宽接缝灌注(砂浆)施工;其余单元段内完成精调的轨道板可进行规定内容的纵向连接施工;过渡段内轨道板的纵向连接待临时端刺后浇带全部连接完成后施工。轨道板纵向连接流程如图 2.134 所示。

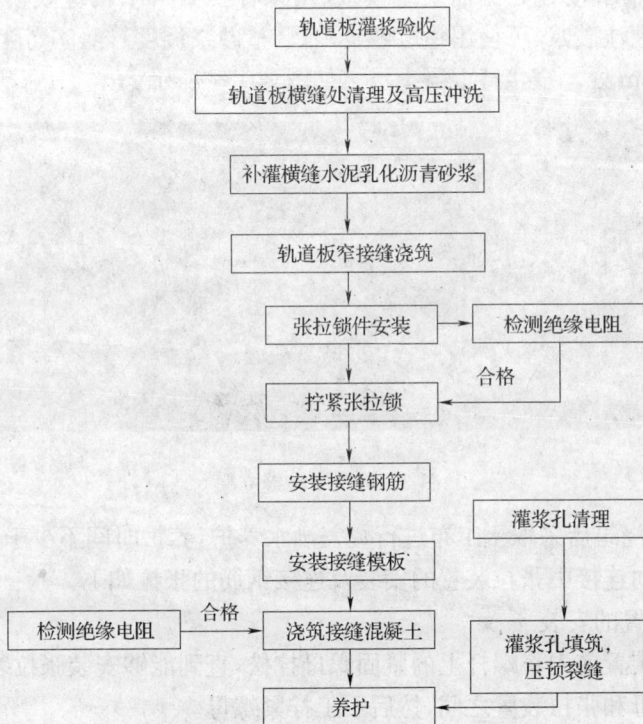

图 2.134　轨道板纵向连接流程图

轨道板接缝分为宽接缝和窄接缝,轨道板接缝结构如图 2.135 所示。

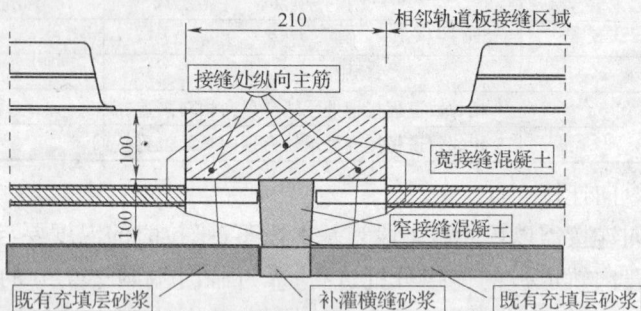

图 2.135　轨道板接缝结构示意图(单位:mm)

① 乳化沥青砂浆灌注完成并达到 7 MPa (约需 7 d)后,即可进行窄接缝施工。施工前,应将连接缝区表面污垢清除干净。

② 在轨道板窄接缝处侧面安装模板(用螺杆拉紧),窄接缝立模如图 2.136 所示。向窄接缝灌注砂浆(可使用垫层砂浆,需调整砂浆稠度),灌注高度控制于轨道板上缘以下约 6 cm 处。窄接缝混凝土浇筑如图 2.137 所示。

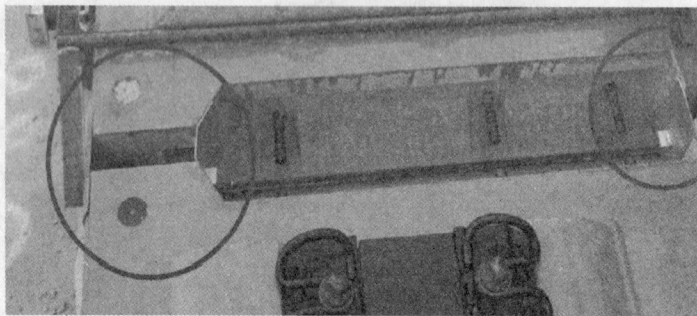

图 2.136　窄接缝立模

③ 窄接缝浇筑后采取土工布进行覆盖洒水养护,养护时间不少于 7 昼夜。

轨道板纵向连接中张拉装置的安装及连接钢筋的张拉如下。

① 张拉装置的安装

安装张拉装置前先将螺杆上的紧固螺母拧松,直到能够安装张拉装置,将绝缘垫片置于紧固螺母和张拉装置之间,然后手工拧紧螺母。

② 连接钢筋的张拉

当垫层砂浆的强度达到 9 MPa 或者在横向接缝处的封边砂浆强度达到 20 MPa

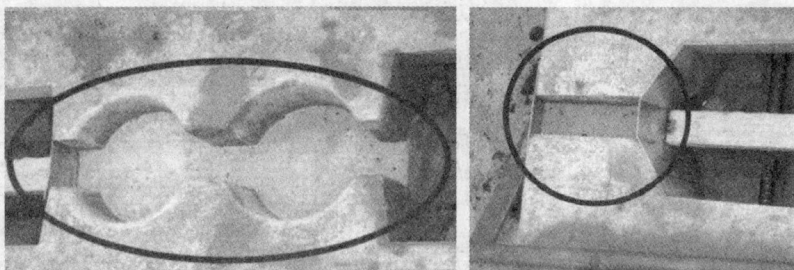

图 2.137 窄接缝混凝土浇筑

后,对轨道板进行张拉。为避免张拉应力过度集中,张拉施工从拟连接段落中间开始,从中部向两端对称呈箭头状同步进行。轨道板中共设有 6 根张拉筋,共设有 6 个张拉锁,张拉锁布置如图 2.138 所示。首先张拉中间两根钢筋,依次由内向外张拉对称的一对钢筋,保持 2～3 块板的梯度,轨道板张拉顺序如图 2.139 所示。螺纹钢筋预张力矩为 450 N·m。

③ 轨道板宽接缝施工

轨道板垫层砂浆灌注完成后,达到规定的条件后,连接钢筋张拉完成后,进行宽窄接缝混凝土施工。填充宽、窄接缝施工时的环境温度不允许高于 25 ℃。

① 拆除压紧装置和清洁接缝

接缝施工前拆除轨道板压紧装置,清除接缝内的杂物,并清除污垢。

② 安装模板和钢筋

模板采用木模型,每个宽接缝按设计安放钢筋骨架。钢筋采用钢丝绑扎防止移位,按设计要求进行绝缘处理。宽接缝钢筋及模板安装如图 2.140 所示。

③ 灌注宽接缝混凝土

按规定使用掺加减水剂和膨胀剂的

图 2.138 轨道板张拉锁布置图

C55 混凝土,该材料 28 d 后达到的抗压强度至少为 55 MPa。灌缝混凝土应有较大的稠度,以避免超高区段产生"自流找平"现象。灌注的材料用插入式震动器捣实,表面应抹到与轨道板表面齐平。灌注宽接缝混凝土如图 2.141 所示。

④ 填充灌浆孔

在接缝填充时一并将灌浆孔填充封堵,浇筑灌浆孔的混凝土及操作方法同轨道

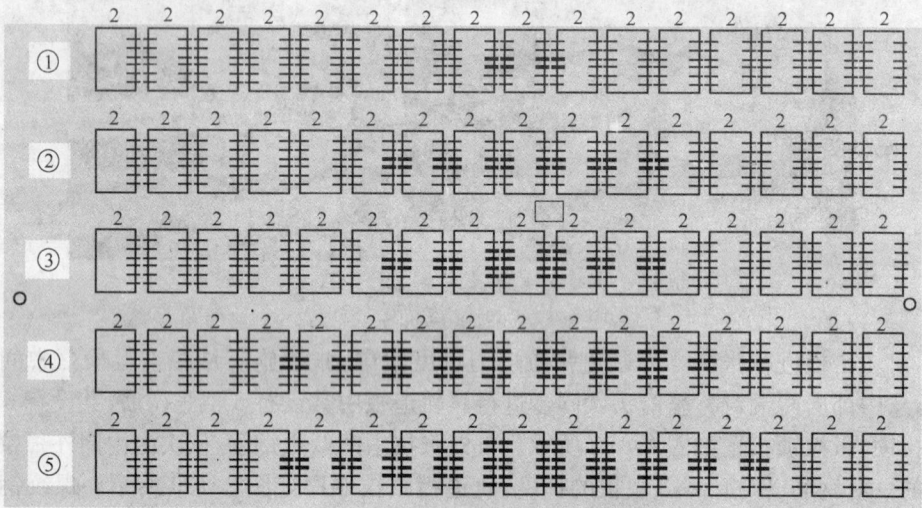

图 2.139　轨道板纵向连接张拉顺序图

板宽接缝。浇筑完成在收面的同时使用合适的"V"形铝合金条形成 V 形槽,使其与轨道板一致。如图 2.142 所示。

图 2.140　宽接缝钢筋及模板安装　　　　图 2.141　灌注宽接缝混凝土

⑤ 养护

接缝混凝土采用薄膜覆盖养护,并采取压紧措施防止滑落,宽接缝混凝土养护如图 2.143 所示。养护期一般为 3 d 左右。拆模后混凝土接缝应密实并打磨平整。严禁出现裂缝,对由于板宽不一致出现的错台要过渡平顺。

10)轨道板锚固连接

(1)锚固连接的设置范围

轨道板的锚固连接位置位于每片箱梁的梁缝区域、梁与台背、端刺与路基过渡段、桩板结构与路基过渡段及道岔前后处,主要作用是将轨道板与底座板连接成为一个整体,以适应端部结构变形。轨道板锚固连接结构如图2.144所示,每块轨道板在梁缝两端各设4根ϕ28 HRB500级螺纹钢筋的剪力销。剪力销钉的孔位按照图纸给定位置进行。

图2.142 灌浆孔混凝土浇筑

图2.143 宽接缝混凝土养护

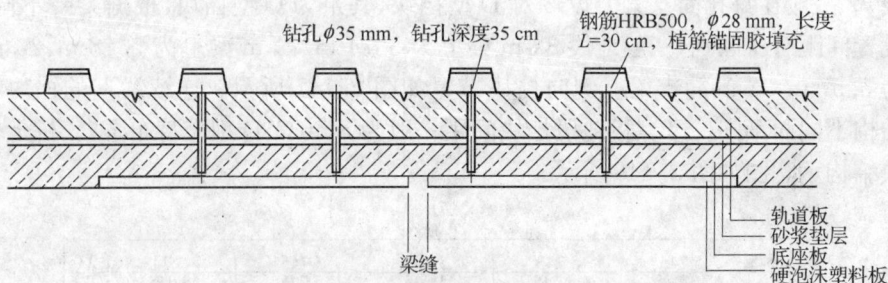

图2.144 轨道板锚固连接结构

(2)剪切筋安装孔的钻孔

钻孔前应在设计植筋位置使用钢筋探测雷达探明轨道板及底座板内的钢筋布置情况,标出具体钻孔位置。钻孔使用专用电动钻孔机,钻孔完成后,使用高压风管(枪)将孔内屑粉吹除干净,剪力筋安装孔的钻孔如图2.145所示。植筋施工应随即进行,否则应用砂丝团或软布团封堵孔口。

(3)剪切连接筋的安装

为确保剪切筋与轨道板及板及底座板内钢筋处于隔离绝缘状态,剪切筋表面应事先均匀涂抹一层植筋胶,并确保表面无遗漏之处。在已钻好的孔内注入适量植筋胶,植入剪力销钉(筋)。剪切筋植入时应轻轻插入,并避免与板内钢筋接触。待植筋胶硬化后将孔口清理干净,用同标号水泥砂浆封闭。

11)侧向挡块施工

侧向挡块是防止无砟轨道横向位移和垂直扰曲而设置的扣压装置,把来自轨道板和底座板的水平力(离心力和偏摆力)传递到桥梁上。侧向挡块如图2.146所示。

图2.145 剪力筋安装孔的钻孔

图2.146 侧向挡块

侧向挡块设计分两种形式,其中,C型挡块为侧挡型,D型挡块为扣压型(压住底座板)。一般在每孔简支梁上设2对D型挡块,其余为C型挡块,根据梁跨不同,挡块设置间距有所区别,一般地段32 m梁上为5.74 m,24 m梁上为5.18 m,20 m梁上为5.57 m,32 m简支梁上侧向挡块布置如图2.147所示。连续梁上的挡块布置视结构不同而不同。摩擦板地段挡块间距一般为8 m(C、D型交替布置)。桥上侧向挡块结构示意图如图2.148所示。

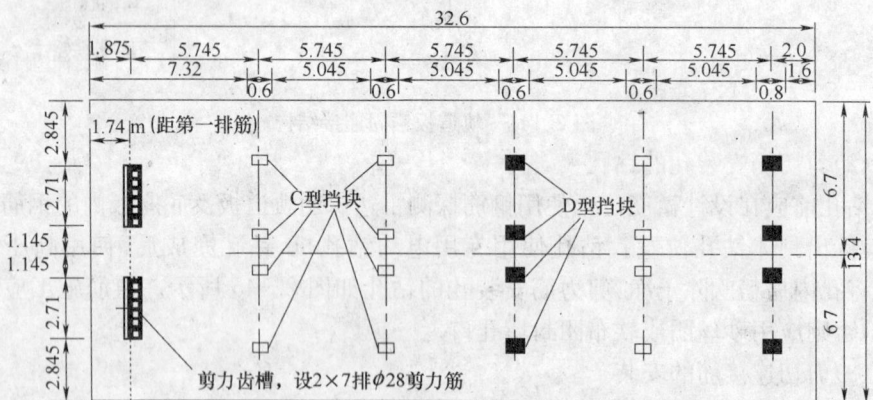

图2.147 32 m简支梁上侧向挡块布置示意图(单位:m)

结合无砟轨道铺轨施组特点,常规区段的侧向挡块可安排在轨道板安装完成后施工。临时端刺范围内的侧向挡块应在早期安排(因与桥面无任何连接,易产生横向

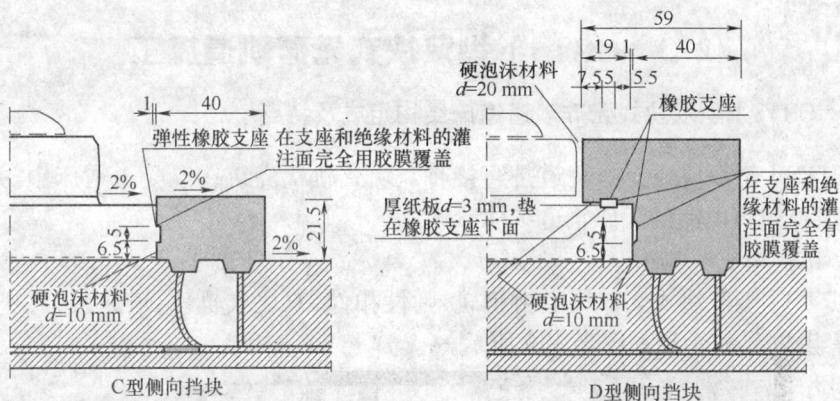

图 2.148 桥上侧向挡块结构示意图(单位:cm)

移位)。其中,曲线地段的临时端刺挡块应在底座板连接前设置临时(或过渡)侧向挡块。其中,C 型挡块可直接按设计施工(先施工底座侧面部分),D 型挡块需设过渡型(以保证铺轨机械的通行需要)。侧向挡块设置间距要求:400 m 曲线半径段,≤3.26 m;1 000 m 曲线半径段,≤8.15 m;1 500 m 曲线半径段,≤12.23 m;2 500 m 曲线半径段,≤20.39 m;4 500 m 以曲线半径段,≤32 m。

侧向挡块施工前,应对桥上预埋套筒位置进行检查,要求内侧(靠近底座板一侧)预埋套筒中心(轴线)距底座板边缘距离为 8~12 cm,超过此范围要求的应进行整修。

侧向挡块施工推荐使用成批加工制做的组合钢模具,模具应考虑曲线地段外侧与超高变化的适应性,同时还应考虑底座板厚度及桥面高程的不一致性需要,以实现外观整洁统一,并保证侧向挡块"纵、横向一条线"。施工时,应先安装固定橡胶垫板及硬质泡沫材料,其中,橡胶垫板可通过与挡块钢筋连接并固定(与底座板混凝土紧贴),硬质泡沫材料可采用胶合剂与底座板混凝土黏合固定(要求与橡胶垫板紧靠),硬质泡沫材料及橡胶垫板应在混凝土灌注前用塑料薄膜覆盖,其后再安装挡块模具。模具应成批安装并挂线作业。混凝土灌注施工时应采用微型振捣棒按规定进行振捣。灌注完成后的侧向挡块应及时养护。侧向挡块外形尺寸允许偏差见表 2.15。

表 2.15 侧向挡块外形尺寸允许偏差

序 号	检查项目	允许偏差(mm)
1	平面尺寸	10
2	截面尺寸	+15 0

2.3 CRTSⅠ型双块式无砟轨道施工

2.3.1 CRTSⅠ型双块式无砟轨道道床结构组成及特点

CRTSⅠ型双块式无砟轨道是直接将双块式轨枕浇筑在混凝土道床中,并适应ZPW-2000轨道电路的无砟轨道结构形式。

1. 结构组成

CRTSⅠ型双块式无砟轨道由钢轨、弹性扣件、双块式轨枕、道床板、底座板/支承层等组成,结构示意如图 2.149 所示。

图 2.149 CRTSⅠ型双块式无砟轨道结构图

2. 结构特点

预制混凝土枕现场浇筑于道床板内,并通过纵向钢筋和双块式轨枕的桁架筋确保轨枕与道板的可靠连接。现浇道床板较好地保证了结构的整体性,不需要设置专门的调整层,随着道床的施工完成,轨道空间几何状态也就调整就位。预制混凝土枕便于轨道空间的定位和调节,施工灵活,能广泛适应于曲线等各种地段。

① 路基上 CRTSⅠ型双块式无砟轨道为连续道床板结构,对比单元道床板结构,连续道床板结构由于没有板缝,具有更大的轨道结构横向力的传递能力。结构整体性及横向稳定性强,结构整体平顺性较好。

② 轨道结构分层设计,受力明确。

③ 道床板、支承层或底座采用现场浇筑,施工灵活,适应性强。

④ 双块式轨枕采用桁架钢筋连接,工厂化生产,精度高。桁架钢筋承受由扣件系统传来的垂向力和水平力,通过与道床板的有效连接,将其承受的荷载传递给道床板;在施工期,保证轨道的几何状态。

⑤ 路基上采用水硬性支承层结构,轨道结构刚度从上至下逐层递减。

⑥ 隧道地段 CRTS I 型双块式无砟轨道,道床板采用连续结构,轨道结构整体性强。

⑦ 桥上 CRTS I 型双块式无砟轨道,道床板为单元分块结构,道床板与底座间设置中间隔离层,并采用凸台限位。

⑧ 轨道结构只包含道床板与底座/支承层二层,造价相对较低。

2.3.2 CRTS I 型双块式无砟轨道道床主要结构及技术要求

1. 双块式轨枕

双块式轨枕分与 WJ-7 扣件相匹配的 SK-1 轨枕(无挡肩)和 WJ-8 扣件相匹配的 SK-2 轨枕(有挡肩),其外形结构如图 2.150 及图 2.151 所示。轨枕块混凝土强度应达到 C60 等级要求,混凝土抗冻性应满足 F250 的要求。两混凝土轨枕块用两组桁架钢筋连接,轨枕块内设置箍筋或钢筋网片,箍筋与桁架钢筋采用箍筋固定件定位。

图 2.150 SK-1 轨枕

图 2.151 SK-2 轨枕

钢筋桁架应采用钢筋网焊接成型机械加工,桁架钢筋连接采用电阻点焊。箍筋可采用钢筋网焊接成型机械加工。钢筋网片可采用绑扎连接。

桁架钢筋、箍筋和钢筋网片采用 CRB 550 级钢筋,箍筋固定件采用低碳钢冷拔钢丝。

2. 道床板

道床板作为主要的承载层,其主要功能为:①承受轨枕传来的荷载,并将荷载扩散传递至水硬性承载层;②在荷载作用下产生较小的变形,为钢轨支点提供稳定的支承平台;③通过合理的配筋和截面设计,克服长大钢筋混凝土结构的稳定性问题(包括裂缝问题、温度力问题等);④承受支承层传来的基础变形的作用,尽可能减少对结构稳定和可靠性的影响;⑤作为连续结构,自平衡其内部纵向力,保证水硬支承层与道床板之间的良好连接。

路基与隧道地段道床板为连续浇筑式钢筋混凝土结构,桥梁地段道床板为分块式钢筋混凝土结构。道床板采用 2 800 mm 宽、240 mm 厚的 C40 混凝土现场浇筑。

① 道床排水

一般直线地段,线间填充采用两面排水系统,道床板顶部设 0.7% 的排水横坡向路边排水;在曲线设置超高地段,线间不填充采用三面排水系统,在道床板顶部采用单面排水坡。

② 道床板配筋

路基上、桥上与隧道内道床板均采用双层配筋。上层纵向钢筋搁在双块枕的轨枕桁架钢筋上,下层纵向钢筋的保护层厚度为 40 mm,纵向钢筋与横向钢筋(包括桁架钢筋)交叉处及纵向钢筋搭接处设置绝缘卡,并用塑料带绑扎牢固。

③ 道床板与板下结构连接

路基上连续道床板浇筑在支承层上,支承层表面进行拉毛处理。

隧道内连续道床板浇筑在隧道仰拱回填层或钢筋混凝土底座上,仰拱回填层或钢筋混凝土底座表面进行拉毛或凿毛处理。

3. 路基地段 CRTS I 型双块式无砟轨道

路基上 CRTS I 型双块式无砟轨道结构,道床板连续浇筑在水硬性支承层上(或 C15 混凝土)。直线路基地段,线间用级配碎石和 C25 混凝土进行填充封闭,向两侧设排水坡;曲线路基地段,线间设集水井,并用级配碎石和 C25 混凝土进行填充封闭。路基地段线两侧路基面上,采用沥青混凝土填充。路基地段 CRTS I 型双块式无砟轨道横断面如图 2.152 所示。

水硬性支承层的主要功用为:①路基与道床间的过渡层,强度、弹性均应处于两者之间;②协调道床板与路基间的变形差异;③吸收路基变形,将其转化为支承层中均匀细微的裂纹,不至形成大的裂纹甚至向道床板上反射;④保证温度影响下的结构稳定性和完整性。

支承层的强度和刚度要求在道床板与路基之间。过高的强度和刚度对路基不利,难以适应路基的变形且易对路基形成局部应力集中;过低的强度和刚度对道床板不利,需要更强大的道床板。为防止纵向力作用下出现过大的自由裂缝,水硬性支承

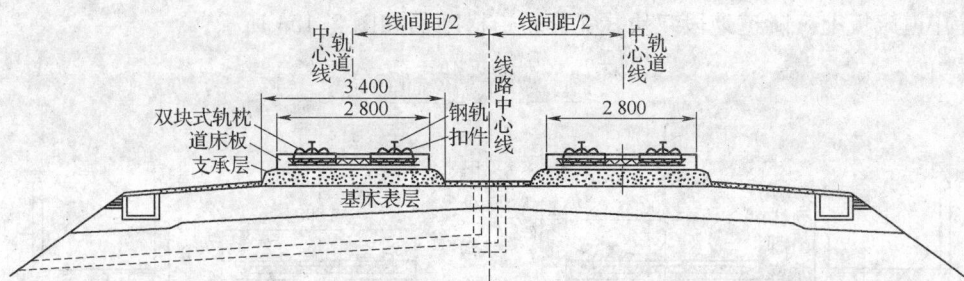

图 2.152　路基地段 CRTSⅠ型双块式无砟轨道横断面图(单位:mm)

层连续施工,每隔 5 m 左右设置深度为 1/3 厚度的假缝。

路基地段支承层宽 3 400 mm,厚度 300 mm。路基地段曲线超高设置在基床表层,水硬性支承层和道床板不设超高。

4. 桥梁地段 CRTSⅠ双块式无砟轨道

CRTSⅠ型双块式无砟轨道对于长桥等特殊地段采用单元板式结构,以适应桥梁的变形;一般道床板为分块浇筑单元结构,长度为 5~7.5 m,分块单元道床板间缝宽为 100 mm。

桥上道床板浇筑在钢筋混凝土底座上。为适应分块式道床板以及凸型挡台的传力需要,钢筋混凝土底座设置成分块式结构形式。混凝土底座直接浇筑在桥面上,并与桥面用预置套筒植筋连接。底座长度与宽度跟道床板的长度与宽度相同,高度为 210 mm。

桥上每块底座板上设置两个抗剪凹槽,对应每块道床板下设 2 个限位挡台,传递道床板的纵横向力至下部结构。凹槽内侧铺设弹性缓冲垫层。

道床板与底座之间设置 4 mm 厚聚丙烯土工布中间隔离层,便于更换维修,匹配桥梁的使用寿命;桥梁地段 CRTSⅠ型双块式无砟轨道结构,桥面线间水通过板缝向桥梁两侧排至泄水孔。桥梁地段曲线超高设置在道床板上。桥梁地段双块式无砟轨道横断面如图 2.153 所示。

5. 隧道地段 CRTSⅠ型双块式无砟轨道

隧道地段 CRTSⅠ型双块式无砟轨道结构,道床板直接在隧道的仰拱回填层或钢筋混凝土底板上采用连续浇筑。

在隧道的洞口处,道床板与隧道的仰拱回填层或钢筋混凝土底板采用连接钢筋连接。道床板的配筋分两种情况:在隧道洞口处,由于道床受整体温度荷载的影响比较大,采用多筋结构;在隧道内除洞口处外,由于道床受整体温度荷载的影响比较小,采用少筋结构;对于溶岩隧道应根据实际情况进行特殊设计。隧道地段曲线超高设置在道床板上。隧道地段双块式无砟轨道横断面如图 2.154 所示。

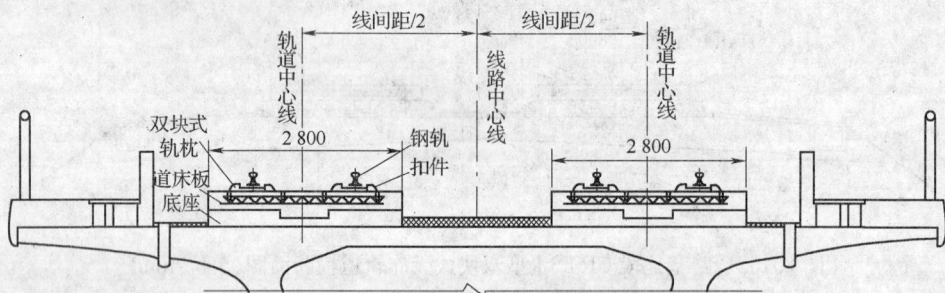

图 2.153　桥梁地段 CRTS I 型双块式无砟轨道横断面图(单位:mm)

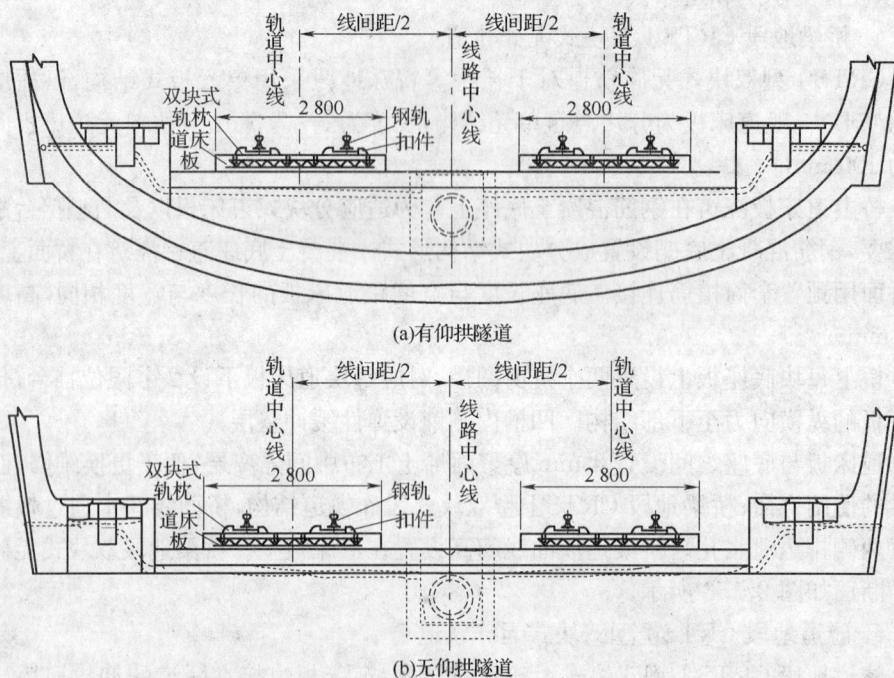

(a)有仰拱隧道

(b)无仰拱隧道

图 2.154　隧道地段双块式无砟轨道横断面图(单位:mm)

6. 过渡段无砟轨道结构

在路桥或路隧无砟轨道过渡段处,应在路基地段设置端梁结构,端梁与道床板浇筑成一整体。在路基段道床板的两端距路基起终点位置 5~10 处设置端梁结构。端

梁示意图如图 2.155 所示,端梁采用 C40 混凝土与道床板浇筑成一个整体。

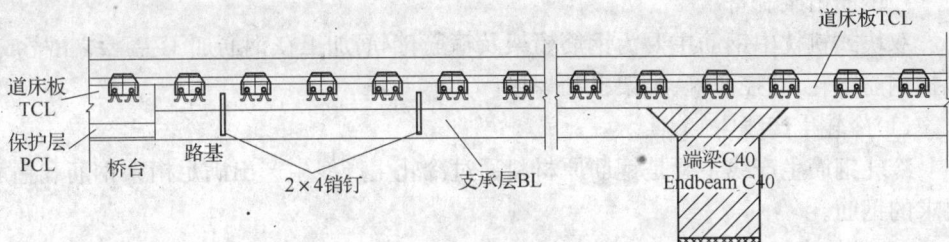

图 2.155 路基两端设置端梁示意图(单位:mm)

在不同线下基础连接处,道床板设置横向伸缩缝;伸缩缝用泡沫板填充,并用聚氨酯密封胶封面。

无砟轨道与有砟轨道应在同一线下基础上进行过渡。无砟轨道与有砟轨道过渡可采用设置辅助轨、黏结道砟等方式进行。

2.3.3 CRTS I 型双块式轨枕的预制

1. 工艺流程

双块式轨枕的预制工艺流程如图 2.156 所示。

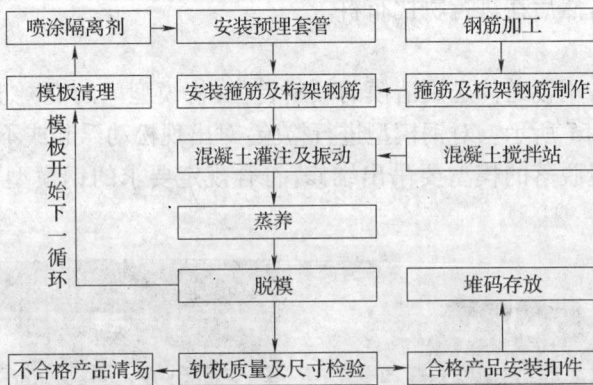

图 2.156 双块式轨枕的预制工艺流程图

2. 主要设备

双块式轨枕的制造的主要设备有:钢筋冷轧机组、桁架钢筋焊接机组、数控弯箍机、双块式轨枕钢模、混凝土布料车、混凝土振动台、钢模吊具、脱模机、轨枕吊具、桥式起重机、蒸养锅炉等。

3. 主要工艺和质量要求

1）钢筋桁架制备

双块式轨枕中钢筋主要为钢筋桁架及箍筋，钢筋加工在钢筋加工生产线上完成，包括钢筋冷轧、数控弯箍、桁架自动焊接。

（1）冷轧生产线

冷轧钢筋生产线主要是钢筋原材料通过冷轧生产线生产出满足桁架钢筋和箍筋要求的钢筋。

（2）数控弯箍生产线

箍筋是采用电脑控制的数控弯箍机加工而成。数控弯箍机可以加工各类几何外形的箍筋，外形尺寸通过电脑操作平台来进行控制，提高加工的精度和速度。

（3）桁架加工生产线

钢筋桁架加工由自动化的钢筋桁架焊接机组完成，机组包括放线矫直机、弯折机、焊接机、剪切机与收集机。

2）混凝土制备

施工前对混凝土拌和站进行调试，由工地试验室对搅拌站的计量设备进行校验并报检合格。混凝土拌制前先检查所有装置，保证拌和站各部都能正常连续工作。当混凝土从搅拌站搅拌完毕后，通过有轨混凝土输送小车将混凝土输送到轨枕生产车间的布料机内，然后在进行轨枕布料。

3）清理模具

钢模脱模后，用辊道传送到清模的倾斜台位，将模型内的混凝土残渣、粘皮等清理干净，如图 2.157 所示。对钢模型进行检验，对出现松动浮起或不合格的标志牌或编号牌不全、焊缝脱落的模型要吊出维修，符合规定要求的钢模型可进入下道工序使用。

图 2.157　模具及清洁模具

4) 喷涂脱模剂

在喷涂脱模剂的倾斜台上用气动喷雾器在模具内均匀喷涂脱模剂,脱模剂喷洒均匀适量。如图 2.158 所示。喷涂脱模剂时应保持模具内壁干燥;喷涂完毕后目测模具是否完全被脱模剂覆盖,以及覆盖是否均匀。

5) 安装套管

在生产线之外安装螺旋筋到套管上,注意套管端部与螺旋筋的底部卡紧,套管不能超过螺旋筋底部;同时,螺旋筋的轴

图 2.158 在模具内均匀喷涂脱模剂

线与套管的轴线要重合。把定距卡安装到箍筋上,定距卡在箍筋上的位置和方向,必须在箍筋的四个角附近,如图 2.159 所示。同时,定距卡的开口方向一致。对那些由于磨损不能再紧紧地固定套管的套管支撑杆,要及时进行更换,检查套管支撑杆如图 2.160 所示。

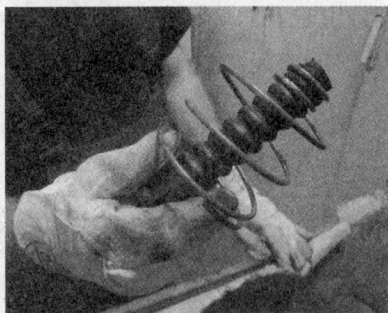

图 2.159 安装套管

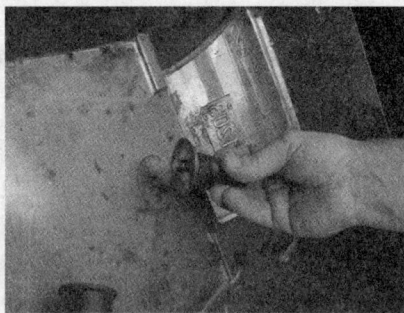

图 2.160 检查套管支撑杆

模型喷涂隔离剂后,通过辊道进入预埋套管安装台位。将组装好的套管和螺旋筋紧紧拧在模具定位轴上,并将带有定距卡的箍筋分别放入模具承轨槽内,放入模具时,定距卡朝上放置,箍筋有焊接的一边应放在模具内侧。套管要拧到定位轴底部,与模具底板紧贴。箍筋放入模具位置要准确对称。

6) 安装桁架钢筋

模型进入钢筋安装台位。桁架钢筋应按照设计图安装并固定。在模具内安装钢筋桁架时,每根桁架主筋卡在模具内的固定钩上,并紧贴模具端部挡筋块,同时用两根钢筋桁架中间的压力装置固定钢筋桁架,如图 2.161 所示。桁架钢筋不能与套管产生接触。分别把每个模具承轨槽内的箍筋用定距卡与桁架钢筋组合在一起。

桁架钢筋固定在模具上后,在模具承轨槽两端安装挡浆夹,以免混凝土振捣时漏浆。安装挡浆夹时,将它的平侧面朝向模具壳体的内部,弯曲侧面朝向模具的端部,如图2.162所示。安装好后应及时检查各配件是否齐全。钢筋入模尺寸检验合格后,模型通过横移小车和辊道进入下一个工序。

图 2.161　桁架钢筋固定

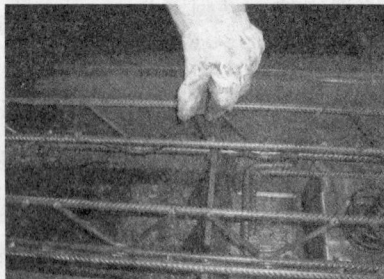

图 2.162　安装挡浆夹

7)混凝土浇筑及振捣

模型内桁架钢筋、箍筋、螺栓筋和套管安装完毕后,模型通过辊道和横移小车移动到混凝土振动台(如图2.163所示),然后振动台上带有的气动升降辊道降下,模板落入混凝土振动台上,混凝土布料机移动至载有模型的振动台上,混凝土布料如图2.164所示。混凝土浇筑时混凝土分两层布料,第一层布完料,强振,之后进行第二次混凝土布料,改为弱振,整个振动时间约2 min。停止振动后钢模气动升降辊道升起,然后辊道转动模型移动到下一台位,使用钢刷清洁桁架钢筋,清洁模具表面(不平整,划痕及污染),取出塑料填缝物并清洁,最后吊入蒸养通道的运模小车上,进行下一工序。清洁桁架钢筋和模具表面如图2.165所示。

图 2.163　混凝土振动台

图 2.164　混凝土布料

混凝土浇筑前,确认钢筋及预埋件的位置和间距,模板温度宜在5～35 ℃,混凝土入模温度在10～30 ℃,混凝土浇筑时,每个班次生产的每批轨枕按试验需要随机

取样制作混凝土试件,满足混凝土质量检验的要求。

8)轨枕的蒸汽养护

混凝土密实之后,通过桥式起重机将钢模吊入钢模运输小车上,在钢模运输小车上的钢模堆放完毕后,通过液压顶推和牵引装置将钢模运入养护通道。轨枕混凝土养生时,按照静停、升温、恒温、降温四个阶段进行养生,总养生时间为12 h,其中静停2 h,然后轨枕再进行3 h升温、6.5 h恒温和0.5 h降温工序。等强度达到设计要求后再脱模。轨枕的蒸汽养护如图2.166所示。

图2.165 清洁桁架钢筋和模具表面

图2.166 轨枕的蒸汽养护

9)脱模

模具从养护通道运出后,用桥式吊车运至脱模台,模具由提升—翻转装置提升并反扣脱模,脱完模的轨枕先通过带升降装置的运输小车将其运到扣件安装区。同时提升—翻转装置提起并翻转空模具并把它们放到指定位置,然后直线行走运输小车把空模具送至环形生产区域的钢模装配区,等待下一工作循环。轨枕脱模如图2.167所示。

10)安装扣件

扣件系统在轨枕上进行预先装配。扣件安装前对轨枕进行检查,如果发现有裂纹、掉块的轨枕要做红色标记。将检验合格的双块式轨枕及扣件运至扣件安装台位,通过压缩空气清理扣件安装区和预埋螺栓孔。在套管内灌注完防腐油脂后,分别安装垫板、铁垫板、高弹性垫板、轨距挡板、弹条,将螺栓插入到套管内,螺栓不能倾斜,用气动扳手紧固螺栓。安装扣件如图2.168所示。

11)轨枕的储存和堆放

轨枕从生产区下线经过检验后,检测合格的轨枕按生产先后顺序进入合格品存放区,轨枕堆放基础采用条形基础或平整的混凝土地面。排水系统畅通,严禁水淹,在轨枕存放区严禁人员攀爬,进入轨枕存放区的车辆严禁碰撞到轨枕。轨枕存放场地留有3~4 m的运输通道,便于车辆进出。

轨枕存放采用堆垛堆码形式,每层轨枕之间用两根 10 cm×10 cm×150 cm 的方木隔离支撑,方木的支撑点位于钢筋桁架折弯支撑点,方木上下层在同一直线上,每垛轨枕之间留有不小于 10 cm 的间隙,轨枕的堆码高度为 8 层。根据生产时间、轨枕类型分别存放。在开新垛前,必须将前面的轨枕垛的高度补齐。

图 2.167　轨枕脱模

图 2.168　安装扣件

轨枕采用平放堆码方式,须堆放整齐,每层码放轨枕 5 根,两层之间承轨槽外侧部位必须放置支承方木 2 根(10 cm×10 cm),且上下支承位置一致。轨枕发货运输按一垛 6 层,每层 5 根的方式运输,每层轨枕之间用两根 10 cm×10 cm×150 cm 的方木隔离。轨枕的堆放如图 2.169 所示。

场内运输一般采用叉车来进行。产品装车应按照"先入先出"进行发货。轨枕运输水平放置,每两层间用两根垫木分开放置,垫木应上、下对齐,支点位置在轨下正中。装车时利用轨枕两端预留螺纹钢筋水平起吊,每次吊运不超过五层。轨枕在装卸和运输过程中严禁碰、撞、摔,严禁吊运轨枕中部。轨枕的运输如图 2.170 所示。

图 2.169　轨枕的堆放

图 2.170　轨枕的运输

12)轨道板质量检验

(1)轨道板制造应符合《客运专线铁路双块式无砟轨道双块式混凝土轨枕暂行技术条件》(科技基〔2008〕74 号)的规定,出厂时工厂应提供《轨道板制造技术证明书》。

（2）轨枕主要尺寸偏差及外观质量应符合表 2.16 的规定。

（3）轨枕桁架钢筋位置正确，无明显锈蚀、扭曲变形，并不得有开焊或松脱。

表 2.16　双块式轨枕主要尺寸允许偏差和外观质量要求表

序　号	检　查　项　目		允许偏差值(mm)
外形尺寸			
1	轨枕长度		+4，−2
2	承轨部位枕顶宽度		±3
3	保持轨距的两套管中心距	配 WJ-7 扣件	−1，+2
		配 WJ-8 扣件	±1.5
4	同一承轨槽承的两相邻套管中心距	配 WJ-7 扣件	±1
		配 WJ-8 扣件	±0.5
5	两承轨面间相对扭曲		<0.7
外观质量			
6	承轨部位表面缺陷(气孔、粘皮、麻面等)		长度≤10、深度≤2
7	其他部位表面缺陷(气孔、粘皮、麻面等)		长度≤50、深度≤5
8	承轨面与挡肩裂纹,轨枕侧面与横截面平行的裂纹		不允许
9	预埋套管内堵孔数		不允许
10	轨枕棱角破损和掉角		长度≤50

2.3.4　CRTS I 型双块式轨枕的铺设

1. 工艺流程

CRTS I 型双块式无砟轨道施工工艺流程如图 2.171 所示。

2. 主要设备

CRTS I 型双块式无砟道床施工投入的主要装备有：混凝土搅拌站、混凝土运输车、混凝土泵车、混凝土输送泵、混凝土浇筑机、滑模摊铺机、钢筋加工设备、线路料运输车、散枕装置、螺杆调整器、粗调机组、汽车吊、龙门吊或其他吊装设备、检测测量仪器等。

3. 主要工艺和质量要求

1）混凝土支承层施工

混凝土支承层施工工艺及质量控制同 CRTS II 型板式无砟轨道混凝土支承层施工。

路基与桥梁及路基与隧道过渡时，支承层的厚度应按设计要求平顺过渡，支承层厚度大于 30 cm 的地段应分层分步施工，开始上层支承层施工前应将下层表面拉毛，

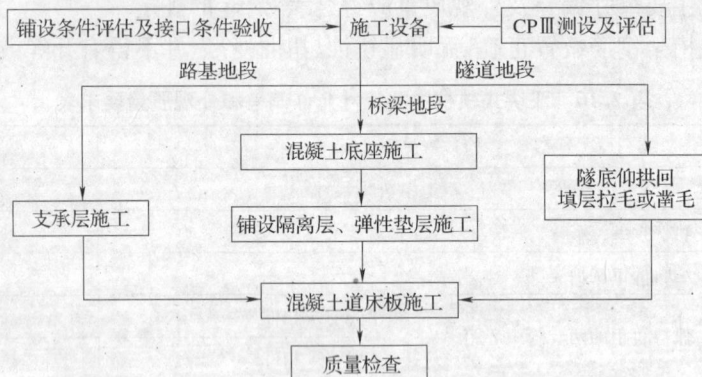

图 2.171　CRTS I 型双块式无砟轨道施工工艺流程图

上下相邻两层之间的施工间隔时间宜控制在 2 h 以内。

路基与桥梁及路基与隧道过渡时,应在道床板与支承层、道床板与隧道底板之间按设计要求设置钢销钉。钢销钉材质应符合设计要求,加工长度允许偏差 $^{+10}_{0}$ mm,销钉示意图如图 2.172 所示。钢销钉埋设的位置及数量应符合设计要求。埋设钢销钉时,按规定的深度钻锚固孔,钻孔成形后,清除钻孔内的钻屑及水浆等杂物。由孔底部至上缓慢注入锚固剂,竖直旋入钢销钉,不得影响轨枕的布设。埋设销钉如图 2.173 所示。钢销钉外漏长度允许偏差为 $^{+10}_{0}$ mm,位置允许偏差 10 mm。

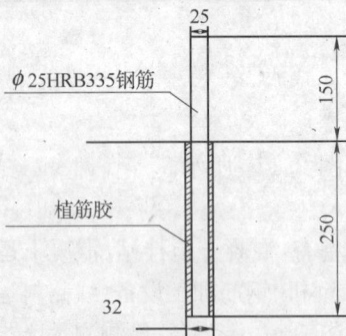

图 2.172　销钉示意图(单位:mm)

图 2.173　埋设销钉

2)桥上混凝土底座施工

混凝土底座施工基本工艺流程如图 2.174 所示。

(1)施工准备和测量放样

① 桥上混凝土底座施工前应通过 CPIII 控制点进行底座边线放样,每隔 10 m 测设一个断面,做好标记,并对每个标记点进行高程测量,作为底座立模依据。通过

CPⅢ控制点测出桥上凹槽的平面位置。

② 轨道中心线 2.6 m 范围内,梁面应进行拉毛或凿毛处理,并清洁,确保无积水、油污。

③ 底座通过梁体预埋套筒植筋或预埋钢筋方式与桥梁连接。安装底座钢筋网前,在梁体预埋套筒植入连接钢筋,梁体预埋套筒或预埋钢筋的位置、数量、状态以及锚固筋规格、长度应符合设计要求。连接钢筋与梁内预埋套筒接头的拧紧力矩应符合《滚轧直螺纹钢筋连接接头》(JG 163—2004)的要求。拧入长度为套筒长度的1/2。

④ 桥梁上底座进行分段施工,分段长度一般不大于6 500 mm,段之间结构缝宽 100 mm。

(2)钢筋绑扎

底筋网现场绑扎应符合下列规定:

① 底座钢筋的规格及型号应符合设计要求,半成品加工好后,分类存放,挂牌标识。

② 加工好的钢筋运输至施工地点,分类堆码在相应需用区域的线间。

③ 先铺设底座纵向钢筋再铺设横向钢筋,钢筋绑扎完毕后,严禁踩踏。

④ 底座钢筋绑扎时应兼顾凹槽位置,不得影响凹槽模板安装。

(3)模板安装

底座和凹槽宜采用钢模施工,安装应稳固牢靠。

① 根据弹出的模板边线,精确安装侧模板、结构缝端模板和凹槽模板。两侧模板连续设置,在结构缝处安装横向模板。模板安装应稳固牢靠,接缝不得漏浆。

② 彻底清理模板范围内的杂物。混凝土入模前应对基床面喷水雾湿润。

(4)混凝土浇筑与养护

① 底座混凝土浇筑前再次检查确认模板、钢筋状态,再次复核抗剪凹槽的位置满足设计要求,符合要求后方可进行混凝土施工。

② 混凝土宜采用插入式捣固棒振捣,应注意避免漏捣、过振。振捣过程中应加强检查模板支撑的稳定性和接缝的密合情况。施工中应严格控制底座标高。凹槽四周应振捣密实,底座表面抹平。

③ 混凝土采用覆盖洒水养生,保持表面充分潮湿。用棉麻布覆盖洒水湿润,养护时间不少于 7 d。冬季施工应采取防护措施。

(5)质量检查

施工准备

↓

测量放样

↓

钢筋绑扎

↓

底座模板安装

↓

凹槽模板安装

↓

混凝土浇筑

↓

混凝土养护

↓

质量检查

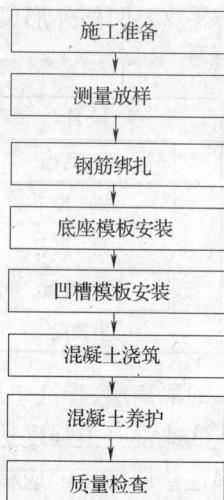

图 2.174　桥上混凝土底座施工基本工艺流程

123

底座及凹槽外形尺寸允许偏差见表 2.17。

表 2.17　底座及凹槽外形尺寸允许偏差

序号	项　目		允许偏差值(mm)	序号	项　目	允许偏差值(mm)
1	底座	顶面高程	±10	2	中线位置	3
		长　度	±10		相邻凹槽中心间距	±3
		宽　度	±10		横向宽度	±5
		中线位置	3		纵向宽度	±5
		平整度	10/3 m		深　度	±10

3)隔离层、弹性垫层施工

底座混凝土强度达到设计强度的 75% 后,方可施工隔离层和弹性垫层。隔离层和弹性垫层施工前应检查并清洁底座表面和凹槽底面。将隔离层分中铺设,并根据凹槽位置画出凹槽边线,按所画线条剪裁隔离层。将隔离层平整地铺置于桥上混凝土底座上,在底座边缘处,用固定胶带将土工布固定。隔离层宜与道床板等宽,铺设时应平整,无褶皱、无破损,接缝采用对接,不得重叠。

将弹性垫层粘贴于凹槽的侧面,使其与凹槽周边的混凝土密贴,不得有鼓泡、脱离现象,缝隙应采用薄膜封闭。将剪裁下来的隔离层铺设于凹槽底面,并与侧面的弹性垫层牢固黏结。

4)双块式轨枕、道床板钢筋运输及线间存放

根据设计及施工进度情况,计算确定所需的轨枕及钢筋数量。轨枕和钢筋可使用卡车运送,汽车吊或龙门吊等卸载如图 2.175 所示。轨枕经验收合格后按相应标记卸车垛放在制定位置,并确保道路畅通。轨枕层间用 10 cm×10 cm 方木支撑,枕垛应绑扎牢固。轨枕及钢筋线间存放如图 2.176 所示。

图 2.175　轨枕吊具卸枕

图 2.176　轨枕及钢筋线间存放

5) 混凝土道床板施工

混凝土道床板施工基本工艺流程如图 2.177 所示。

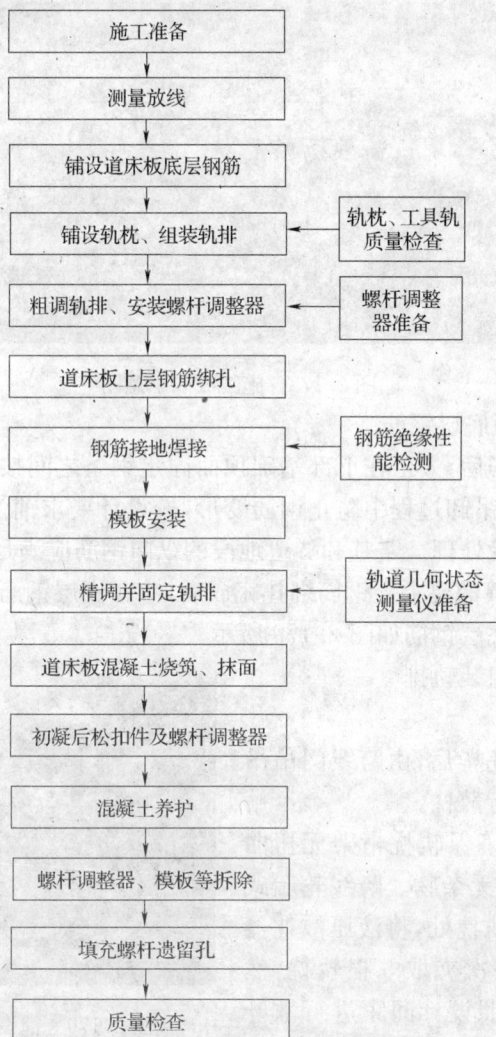

施工准备

测量放线

铺设道床板底层钢筋

铺设轨枕、组装轨排 ← 轨枕、工具轨质量检查

粗调轨排、安装螺杆调整器 ← 螺杆调整器准备

道床板上层钢筋绑扎

钢筋接地焊接 ← 钢筋绝缘性能检测

模板安装

精调并固定轨排 ← 轨道几何状态测量仪准备

道床板混凝土烧筑、抹面

初凝后松扣件及螺杆调整器

混凝土养护

螺杆调整器、模板等拆除

填充螺杆遗留孔

质量检查

图 2.177 混凝土道床板施工基本工艺流程图

（1）施工准备和测量放线

① 采用高压风或高压清除道床板范围内结构表面的浮渣、灰尘及杂物。

② 依据 CPⅢ 控制点，宜每隔 10 m 在基础面上测放出轨道中线控制点。

③ 以轨道中心控制点为基准放样出轨枕控制边线和道床板的纵、横向模板边线

位置。

施工放线如图 2.178 所示。

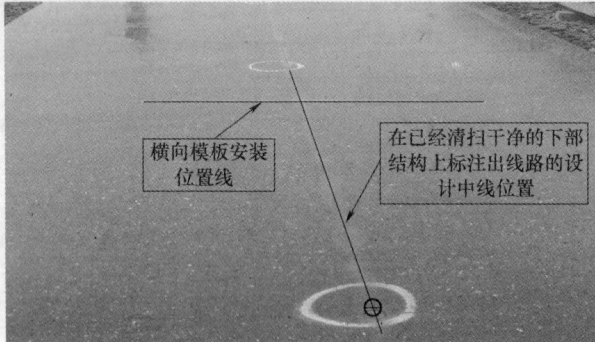

横向模板安装位置线

在已经清扫干净的下部结构上标注出线路的设计中线位置

图 2.178　施工放线示意图

（2）铺设道床板底层钢筋

在施工放线完毕后，人工在下部基础顶面固定钢条之间按底层纵向钢筋设计数量及位置均匀散布，吊卸过程中防止钢筋变形，按设计要求铺设道床板底层钢筋，对钢筋交叉点进行绝缘处理。路基和隧道地段的纵向钢筋应满足搭接长度大于 70 cm 且接头错开最少 1 m 的要求。钢筋绑扎完成后，应在底层钢筋下设置混凝土保护层垫块。铺设道床板底层钢筋如图 2.179 所示。

（3）铺设轨枕、组装轨排

① 散枕

底层钢筋摆放完毕后，由跨线门吊吊装液压散枕装置进行散枕。

轨枕铺设前应确保轨枕桁架无扭曲变形，承轨槽内干净无杂物。跨线轮胎式门吊开到线间存放轨枕处，将液压散枕器落下，从轨枕垛上一次夹取 5 根轨枕，然后提起并将轨枕按照设计间距进行散开到线路所需轨枕处，保证轨枕与下部结构

图 2.179　铺设道床板底层钢筋

顶面 5 cm 左右的间距，相关人员按照标定的道床板设计边线，将轨枕均匀散布到设计位置。液压散枕器进行散枕如图 2.180 所示。同时用辅助木棒控制相邻两组轨枕的间距，两组轨枕的间距应控制在 5 mm 的误差范围内，轨枕的边线控制在 10 mm 的范围内，且要保证两组轨枕的左右偏差，保证轨枕的线性平顺，以方便工具轨安装。每散布 4 组轨枕，与现场标示的里程控制点核对一次，以控制散布轨枕的累计纵向误

差,做出相应的调整。

图 2.180 液压散枕器进行散枕

轨枕散布也可采用人工配合汽车吊将备在线上的整垛轨枕吊散到线路上,再用人工配合小龙门架散布轨枕或人工直接散枕。

桥梁地段间隔设计有凸台,在每个凸台左、右两侧,各预置 1 块不低于凸台设计高度(约 15 cm×15 cm)的纵向方垫木,保证双块式轨枕两端均匀受力,桁架钢筋不弯曲变形;以方便轨枕平顺及工具轨的安装,在轨排粗调完毕螺杆调整器支撑起来后,即可将方木撤出。桥梁凸台处轨枕布设如图 2.181 所示。

② 工具轨的准备

工具轨应编号配对使用,相邻工具轨配轨时应考虑钢轨不对称度、断面尺寸偏差等对轨道平顺性的影响,合理配对。

工具轨对控制施工精度具有重要影响,应精心保护。工具轨采用平板拖车运至现场,分层码放整齐,同时每根 12.5 m 工具轨设 4 道支撑。工具轨施工倒运采用起重运输车或龙门吊。吊装应采用专用吊具作业。运输中工具轨堆码不得超过 3 层,层与层之间用方木垫平,方木之间的距离不得大于 3.5 m。工具轨装卸与运输如图 2.182 所示。

图 2.181 桥梁凸台处轨枕布设

图 2.182 工具轨装卸与运输

127

高速铁路系列

③ 组装轨排

抽检工具轨,保证工具轨平直性、无弯翘及扭曲,轨头无硬弯,就位前检查轨底及轨面干净。通过专用吊架将工具轨吊放到轨枕上。在钢轨放到轨枕上之前,轨枕支撑表面要干净;两工具轨之间轨缝应控制在 10~300 mm。工具轨安装时应检查确保轨枕胶垫居中,扣件紧固时应保证扣压力达到设计要求,扣件各部位密贴。检查并记录轨距,轨距误差±1 mm,不合格时应予以处理。

(4)粗调轨排、安装螺杆调整器

① 安装螺杆调整器托盘

直线地段每隔 3 根轨枕、曲线地段每隔 2 根轨枕安装一对螺杆调整器托盘,同时应在轨排端头轨枕间安装一对螺杆调整器托盘。螺杆调整器托盘安装前应清理干净并确保托盘伸缩灵活、居中。托盘安装时应检查插销与插孔对应位置正确,确保托盘与轨底密贴,各部螺栓紧固到位。在桥梁地段安装横向模板位置,螺杆调整器错开安装。安装螺杆调整器托盘如图 2.183 所示。

② 轨排粗调

轨排组装和螺杆调整器托盘安装完成后,粗调机沿轨排自行驶入,均匀分布在轨排上。粗调机沿工具轨走行如图 2.184 所示。

图 2.183　安装螺杆调整器托盘

图 2.184　粗调机沿工具轨走行

粗调机走行到位后,放下两侧辅助支撑边轮,支撑在底部结构物顶面上。放下夹轨器,夹紧钢轨。

全站仪采用自由设站法,测量测站附近 3 对 CPⅢ控制点棱镜,计算确定测站坐标。改变全站仪测站时,必须至少观测后方 2 对交叉 CPⅢ控制点。全站仪自动搜索,测量每个粗调机顶部的棱镜,测量数据与理论值对比生成轨排的方向、高低、水平和中心线位置偏差,通过无线传输装置发出调整指令。粗调机组接收调整指令,自动实现轨排提升、横移、偏转、侧倾 4 个自由度的调整,直到轨排方向、高低、水平满足标准要求。当粗调完一组轨排，准备对下一组轨排进行调整，用支撑边轮进行行走。

轨排粗调应先对偏差较大处进行调整。当轨排横向偏差较大时，粗调应分多次调整到位，避免在钢轨横向出现硬弯。采用人工粗调时，应遵循"先中线、后高程"的原则。轨排起升应两侧同时进行。

轨排的粗调越准确，其精调就越容易。一般情况下，调整后的高度应低于设计标高 $0 \sim 5$ mm，轨道至设计中线位置 ± 5 mm。粗调期间保持轨排低于最终高度非常重要，因为使用螺杆调整器支架提升整个轨排，比在精调时将其降低要容易些。

轨排粗调完成后，相邻轨排应用夹板进行连接，轨缝宜控制在 $10 \sim 30$ mm。钢轨接头处应平顺，不得有错牙及错台。

③ 安装螺杆调整器螺杆

如图 2.185 所示，轨排粗调到位后，及时安装螺杆调整器螺杆，确保各螺杆受力均匀无松动。检查螺杆基本垂直后，拧紧侧面锁定小螺栓。

(5)道床板上层钢筋绑扎

轨排粗调完毕后，即可按照设计要求

图 2.185　安装螺杆调整器螺杆

进行道床板钢筋的绑扎作业。对纵向钢筋与横向钢筋及轨枕桁架上层钢筋交叉处以及上层纵向钢筋搭接范围的搭接点按设计要求设置绝缘卡，用尼龙自锁带绑扎。钢筋绑扎完毕后，用移动式焊机按照设计位置将道床板钢筋和接地钢筋焊接。道床板钢筋绑扎与焊接如图 2.186 所示。

图 2.186　道床板钢筋绑扎与焊接

道床板钢筋绑扎并焊接完成后，应进行绝缘性能测试。非接地钢筋中，任意两根

钢筋的电阻值不小于 2 MΩ。

(6)模板安装

模板安装前应清理干净道床内杂物,检查模板无变形,模板安装应顺直且与下部结构物垂直,无错台、错牙现象,并加固牢靠。封堵好模板缝隙,防止混凝土浇筑时漏浆。模板与混凝土接触面必须清理干净并涂刷脱模剂。模板安装后,调整模板的几何尺寸符合要求。检查钢筋的保护层厚度应符合设计要求,允许偏差 $^{+10}_{0}$ mm。

① 横向模板安装

横向模板在桥梁地段横向伸缩缝处使用,横向伸缩缝在桥梁土工布铺设完毕后,由技术人员进行轨枕边线、道床板边线和横向模板边线放线,横向模板位置必须准确放样、画线标注。放线完毕后,在底层钢筋布设前将横向模板钢条安装到位,并用四个锚钉固定。在轨排粗调完毕后,安装横向模板,横向模板提前存放在所需位置的线路中间位置,横向模板由 3 块拼接组成,人工配合龙门吊安装。先安装中间块,最后安装两边块。使固定钢条嵌入模板底面凹槽,相邻模板间部分销接、拼接严密,顶部设钢盖板。横向模板安装如图 2.187 所示。

图 2.187 横向模板安装

② 纵向模板安装

纵向模板长 6 m,有高模板、矮模板两种。无超高段使用矮模板,高模板用于超高段外侧,使用混凝土浇筑机的纵向模板外侧有一条 U 形导槽用于设备行走,以保证纵向模板的稳定性。

纵向模板提前存放在线路道床板边线的两侧,龙门吊将模板吊起,人工辅助配合将模板吊到已经放好的道床边线上,模板就位后,纵向模板底部铺设橡胶带,保证模板与下部结构紧密连接,避免浇筑混凝土时水泥浆渗漏。相邻的两块模板用螺栓连接,螺栓连接时一定要保证相邻两块模板之间不出现错台,并在两模板连接面处贴双面胶或胶条,以防止模板间出现缝隙漏浆。纵向模板安装到位后,将纵向模板与地面进行相关的连接,间隔布置三角形模板垫块,保持底面支撑牢固、水平;并用横向拉杆进行模板的横向连接,确保在道床板浇筑时不发生模板变形。模板安装完毕后,对模板底面与道床板下部结构有缝隙的位置进行砂浆填封,模板内侧用墨线标示道床板顶面线。纵向模板的安装如图 2.188 所示。

图 2.188 纵向模板的安装

③ 纵向模板和横向模板间的连接

桥梁地段在纵向模板安装完毕后,进行横向模板和纵向模板之间的连接,先将横向模板底的固定钢条上的螺栓拧紧,让纵向模板和横向模板密贴,然后将纵向模板和横向模板上部使用专用工具进行螺栓连接。纵横向模板的连接如图 2.189 所示。

(7)轨排精调

轨排精调是最终决定轨道内外部几何形态及空间位置的关键工序,其操作难度大,受环境影响多。轨道精调,以高精度的 CPⅢ 测量控制网为基础,以长钢轨同型号工具轨为模具,通过全站仪与轨道状态仪共同作业,将调整前的轨排实际几何形位数据与设计数值进行比较并准确反映,最终使用螺杆调整器逐步将轨道中线、水平、高低等参数调整至规范要求范围内。

① 全站仪设站

全站仪至少观测 4 对 CPⅢ 控制点自由设站,设站间距不得大于 70 m,两次设站至少重叠观测 2 对 CPⅢ 点,设站精度应符合相关规定。测量前应复核所用线形设计资料、CPⅢ 成果资料无误,并输入准确。自由设站点应尽量靠近轨道中线,并宜设于相邻两对 CPⅢ 控制点中部位置。每次精调时需与上次或前一站重叠至少 8 根轨枕,同一点位的横向和高程的相对偏差均不

图 2.189 纵横向模板的连接

应超过 2 mm。精调过程中,应先调整偏差较大处,相邻几对螺杆调整器同时调整,调整时步调应协调一致。曲线地段调整时竖直和水平方向同时调整。测量轨道数据如图 2.190 所示。

　　② 测量轨道数据

　　轨道状态测量仪放置于轨道上,安装棱镜。使用全站仪测量轨道状态测量仪棱镜,小车自动测量轨距、超高、水平位置、接收观测数据,通过配套软件,计算轨道平面位置、水平、超高、轨距等数据,将误差值迅速反馈到轨道状态测量仪的电脑显示屏幕上,指导轨道调整。

　　③ 调整轨道中线

　　采用双头调节扳手,调整轨道中线。双头调节扳手联组工作,一般 2～5 根为一组。调整轨道中线如图 2.191 所示。

　　④ 调整高程

　　用普通六角螺帽扳手,旋转竖向螺杆,调整轨道水平、超高。调整螺杆时要

图 2.190　测量轨道数据

缓慢进行,每旋转 90°其高程变化 1 mm,调整后用手检查螺杆是否受力,如未受力则调整附近的螺杆。调整轨道高程如图 2.192 所示。

图 2.191　调整轨道中线

图 2.192　调整轨道高程

高温、大风、雨雪等恶劣气候条件下不得进行精调作业。轨排精调到位后,应对轨排采取相应的措施进行加固,防止混凝土浇筑时轨排横向移位及上浮,并采集数据作为最终的精调数据。精调合格后,对线路进行保护,禁止轨排上进行任何作业或行人,应及时浇筑混凝土。如间隔时间过长,或环境温度变化超过 15 ℃,或受到外部条件影响,必须重新检查或调整轨排。精调完成后轨道几何形位允许偏差应符合表

2.18 的规定。

表 2.18　轨排精调后几何形位允许偏差

序号	项　目		允许偏差	备　注
1	轨　距		±1 mm	相对于标准轨距 1 435 mm
			1/1 500	变化率
2	轨　向		2 mm	弦长 10 m
			2 mm/测点间距 8a m	基线长 48a m
3	高　低		2 mm	弦长 10 m
			2 mm/测点间距 8a m	基线长 48a m
4	水　平		2 mm	不包含曲线、缓和曲线上的超高值
5	扭　曲		2 mm	基长 3 m,包含缓和曲线上由于超高顺坡所造成的扭曲量
6	轨面高程	一般情况	±2 mm	
		紧靠站台	$+^2_0$ mm	
7	轨道中线		2 mm	
8	线间距		$+^5_0$ mm	

注:表中 a 为扣件节点间距,单位为 m。

(8)道床混凝土浇筑和养护

① 准备工作

清理支承层或底座表面的杂物,复测轨排几何形位、钢筋、模板状态,复测接地及绝缘性能,对调整螺栓涂刷油脂,便于混凝土浇筑后拆卸。对浇筑道床板范围的支承层或底座及轨枕洒水湿润。浇筑前用防护罩覆盖轨枕、扣件,检查螺杆调整器螺杆是否出现悬空,隔离套是否装好,并对调节器上部采用相应的防护措施。

② 检查和确认轨排复测结果

浇筑混凝土前,如果轨道放置时间过长(超过 12 h),或环境温度变化超过 15 ℃,或受到外部条件影响,必须重新检查或调整。

③ 混凝土输送

利用混凝土运输车将混凝土运至施工现场后,检测每车混凝土的坍落度、含气量及温度等指标,合格后根据不同的浇筑方案选择卸料方式。浇筑机施工时,利用可旋转的侧向受料螺旋输送装置上料,或利用汽车泵直接泵送混凝土入模。

④ 混凝土浇筑

为确保混凝土道床板浇筑不产生超限的温度裂缝,浇筑混凝土期间应全天监测环境温度、轨道温度,绘制温度曲线,使混凝土浇筑能在气温变化范围较小的时间段

内进行,混凝土入模温度控制在 5～30 ℃之间。

当轨道板混凝土采用浇筑机施工时,可利用储料斗内置的螺旋布料装置布料,通过调整储料斗的倾斜角度,控制布料及 4 个出料槽流量。前面漏斗处的 4 个插入式捣固器将混凝土捣固密实,后面的 2 个辅助振捣器用于人工局部补捣。振捣过程中,应注意避免碰撞钢筋网。混凝土浇筑间隔时间过长时,应按施工接头处理。

当采用泵送混凝土时,橡胶泵管口应在轨排上方且下料方向基本垂直轨排。通过移动下料管控制混凝土高度。

⑤ 移位

浇筑混凝土时需 1 个轨枕间距接着下 1 个轨枕间距单向连续浇筑,让混凝土从轨枕块下漫流至前一格,不至在轨枕下形成空洞。当混凝土高度略高于设计高程时,前移到下一格进行浇筑。

⑥ 抹面及清洗

表层混凝土振捣完成后,及时修整、抹平混凝土裸露面。混凝土入模后半小时内用木抹完成粗平,1 h 后再用钢抹抹平。为防止混凝土表面失水产生细小裂纹,在混凝土入模 3～4 h 后进行二次抹面压光,抹面时严禁洒水润面,并防止过度操作影响表层混凝土的质量。抹面过程中要注意加强对托盘下方、轨枕四周等部位的施工。抹面完成后,及时清刷钢轨、轨枕和扣件,防止污染。混凝土抹面如图 2.193 所示。

图 2.193　混凝土抹面

⑦ 施工缝的处理

如出现机械故障等原因浇筑过程中断,应根据设计要求,在最后的两根轨枕中间设置施工缝。施工缝的设置采用金属网,以使施工缝表面粗糙,确保新老混凝土之间有足够的黏结力。如中断时间超过 24 h,应另外增设 4 排共 16 根销钉加强。

⑧ 混凝土养护

混凝土浇筑完成后应及时进行覆盖洒水或喷养护剂养护,养护时间不宜少于 7 昼夜。混凝土初凝后,应及时松开螺杆调整器、扣件和鱼尾板,释放钢轨温度应力。

具体松螺杆调整器和扣件的时机需要根据施工环境温度提前试验确定。

混凝土道床板外形尺寸允许偏差见表 2.19。

表 2.19 混凝土道床板外形尺寸允许偏差

序 号	检 查 项 目	允许偏差(mm)
1	顶面宽度	±10
2	道床板顶面与承轨台面相对高差	±5
3	中线位置	2
4	平整度	3/1 m

(9)拆卸模板、螺杆调整器和工具轨,填充螺杆遗留孔

混凝土浇筑完成 24 h 后,方可拆除螺杆调整器、模板及工具轨。

① 拆、洗模板

先将纵横向模板连接和横向模板连接以及与地面或其他建筑物的连接松开,然后人工使用撬棍配合龙门吊进行纵向模板的拆除,依次逐块拆除、清洗、涂油,将各种型号模板、楔块形钢垫块、固定钢条等分别归类、集中。拆除时尽量避免人为因素造成道床板混凝土的损坏。

纵向模板拆除完毕的地段即可进行横向模板的拆除,横向模板通过龙门吊和人工配合拆除完毕后,拆除模板横向固定钢条,拆除完毕后,立即进行清理和涂刷隔离剂的工作分类储存。

模板在拆除、吊装、清理和存放过程中避免野蛮施工,造成模板的变形或损坏等不可使用的现象。清理完毕的横向模板、固定钢条、纵向模板连接螺栓、纵横向模板连接器等应分类放入材料存放筐内,以便运输和防止丢失。

纵、横向模板拆除、整理完毕后,用龙门吊吊装,人工配合将纵、横向模板以及配件等装运到平板运输车上,进行下一循环。

② 螺杆调整器拆除

模板拆除完毕后,即可进行螺杆调整器的拆除。先用螺栓扳手拆卸调整器螺杆,清除表面混凝土残留物,随后进行清理和涂油,然后将其整理到存放筐内,螺杆应按长度分类,竖直插入标示有长度的专用周转箱内,以便随时按需要调用。在螺杆清理、传送和存放过程中避免碰撞到螺杆的丝扣。拆除完螺杆后,即可拆除螺杆调整器底板,螺杆调整器内侧两个固定钢轨的螺栓松开,将其旋转,即可将螺杆调整器底板拆下,拆除后立即进行清理和涂油,然后整齐的放入存放筐内,如图 2.194 所示。将螺杆调整器装到平板车上,利用道床板混凝土浇筑间隔将其运输到螺杆安装位置。

③ 工具轨拆卸

在螺杆调整器拆除完毕后,即可拆除工具轨。先松开单元轨的全部扣件,并取下进行清理,扣件重新安装。扣件取下后,用龙门吊吊装专门工具轨吊装扁担进行工具轨的拆卸,拆卸完毕后及时清理轨底和轨面上的混凝土残渣或其他杂物,然后检验钢轨平直度,最后将工具轨按照钢轨上的标记的吊点位置吊装到工具轨运输车上,工具轨在运输和存放时,应严格在标记位置下垫好方木,避免钢轨变形。

图 2.194　螺杆调节器放入存放筐

④ 水泥砂浆填塞螺杆孔洞

工具轨拆除完毕后,将螺杆调整器螺杆孔洞内的波纹管或PVC管等隔离材料清理干净,人工用高强度无收缩水泥砂浆将螺杆调整器螺杆在混凝土中形成的孔洞进行封堵密实,并将表面抹平,必须保证孔洞内无积水、杂物等。对道床的缺棱掉角及局部混凝土缺陷进行修补和整修,及时上紧扣件,防止丢失。

复习思考题

1. 简述 CRTS I 型板式无砟轨道道床结构组成及特点。

2. 简述路基地段、桥梁地段和隧道地段 CRTS II 型板式无砟轨道道床主要结构及技术要求。

3. CRTS I 型板式无砟轨道水泥乳化沥青砂浆充填层的作用有哪些?

4. CRTS I 型板式无砟轨道凸形挡台的作用是什么?

5. 简述 CRTS I 型板式无砟轨道轨道板预制工艺流程。

6. CRTS I 型轨道板的存放、运输有何要求?

7. CRTS I 型轨道板(有挡肩)主要尺寸偏差及外观质量要求有哪些?

8. 简述 CRTS I 型板式无砟轨道施工工艺流程。

9. 简述 CRTS I 型轨道板铺设精调的步骤和技术要求。

10. 简述 CRTS II 型板式无砟轨道道床结构组成及特点。

11. 简述路基地段、桥梁地段和隧道地段 CRTS II 型板式无砟轨道道床主要结构及技术要求。

12. 简述 CRTS II 型轨道板的预制工艺流程。

13. CRTSⅡ型轨道板存放、运输有何要求?

14. CRTSⅡ型轨道板(有挡肩)主要尺寸偏差及外观质量要求有哪些?

15. 简述CRTSⅡ型板式无砟轨道轨道施工基本工艺流程。

16. 何为底座板后浇带? 钢板连接器后浇带与剪力齿槽后浇带有什么不同?

17. 底座板一个施工单元构成什么? 底座板单元划分有哪些要求?

18. 简述铺设CRTSⅡ型板式无砟轨道轨道板精调的步骤和技术要求。

19. 轨道板纵向连接张拉顺序有何要求?

20. 简述CRTSⅠ型双块式无砟轨道道床结构组成及特点。

21. 简述路基地段、桥梁地段和隧道地段CRTSⅠ型双块式无砟轨道道床主要结构及技术要求。

22. 简述双块式轨枕的预制工艺流程。

23. 双块式轨枕存放、运输有何要求?

24. 双块式轨枕主要尺寸允许偏差和外观质量要求有哪些?

25. 简述CRTSⅠ型双块式无砟轨道施工工艺流程。

26. 简述铺设CRTSⅠ型双块式轨排粗调、精调的步骤和技术要求。

3   无砟轨道维修

无砟轨道维修工作的基本任务是确保线路高可靠性、高稳定性和高平顺性，其维修应贯彻"预防为主、严检慎修"的原则，按周期进行检查，实行设备等级修和专业修。在无砟轨道维修过程中应积极采用新技术、新设备、新材料、新工艺，提高维修质量和劳动生产率，应运用信息技术，建立无砟轨道维修管理信息系统，逐步实现维修管理信息化、智能化，采用CPⅢ精测网，监测无砟轨道的变化，指导维修。

轨道是铁路基础设施的主要设备之一，要确保高速铁路轨道的正常运用，必须实施有效的管理，包括设备管理（钢轨、轨下基础及扣件、道岔、道床等轨道部件）、技术管理（线路平纵断面及其对轨道的影响、轨道部件技术状态、技术标准等）、修理管理（修程、修制、管理模式、养路机械、轨道检测、质量评定和控制等）和综合管理（计划管理、财务管理等）。

轨道在机车车辆动力作用下，在风、沙、雨、雪和温度变化等自然条件影响下，将产生一系列变形，这些变形包括弹性变形和永久变形。在任何情况下，高速铁路的变形不能超过一定的限度。因此，对轨道的变形要及时进行修理。

3.1 高速铁路维修组织与作业项目

1. 修理组织原则

高速铁路工务设备修理组织原则是设备管理属地化、专业修理区域化、天窗修理机械化。

（1）设备管理属地化

为充分利用既有线管理的资源，减少人员、设备跨区域流动，高铁铁路工务设备按就近管辖的原则由铁路局实行属地化管理，工务段属地化延伸管理。

（2）专业修理区域化

为保证高铁铁路行车设备的修理质量，应由综合维修基地组织大型养路机械和检测车承担区域化的高级修理和检测作业。工务段成立曲线、道岔、钢轨、无砟道床等专业化修理队伍，负责高速铁路日常修理。

（3）天窗修理机械化

为保证作业质量、效率和安全，凡是工务线路修理作业，都要在天窗内进行的，修理作业以大型机械为主、大型机械与小型机械结合的方式进行。

2. 高速铁路无砟轨道工务类维修作业项目

（1）路基、桥梁（桥面以上）及轨道检测作业。

（2）轨道、道岔精调作业（指调整扣件及轨下垫板作业）。

（3）小型钢轨打磨作业。

（4）裂纹修补。

（5）更换轨枕套管。

（6）线路标志维修。

（7）各类防灾系统观测。

（8）更换伤损设备。

（9）各类应急处理。

（10）栅栏修补。

（11）排水系统及路基边坡清理、修补。

（12）桥面以下的梁体、墩台、支座以及排水设施检查项目（不含从桥面到墩台顶）。

（13）桥面以下排水设施的整修（不含从桥面到墩台顶）。

（14）梁体裂损修补（不含从桥面到墩台顶）。

（15）支座涂油、油漆（不含从桥面到墩台顶）。

（16）支承垫石的裂损修补（不含起梁、从桥面到墩台顶）。

（17）墩台裂损修补（不含从桥面到墩台顶）。

（18）护网以外排水沟清淤及桥台护锥、河调建筑物整修。

（19）涵渠内结构检查、混凝土裂损修补、清淤。

（20）路堤护网以外排水沟、吊沟清淤、整修。

（21）路堤护网以外不影响路基稳定的护坡增设及修理。

3.2　高速铁路维修施工天窗

高速铁路实行天窗维修制度。天窗应为垂直天窗，时间一般不得少于 240 min。根据需要和季节特点，可适时停开确认列车（空载动车组），安排凌晨检查天窗，停开确认列车当提天窗内不能安排维修作业。

3.2.1 国外高速铁路的施工"天窗"

1. 日本

日本铁路线路修理工作均采用大型养路机械,维修作业集中在夜间 0:00 到早上 6:00 进行,其中 0:00~3:00 为作业时间,3:00~6:00 为检查时间。夜间这段时间全部作为修理天窗时间,不行车,不仅可以加强修理力度,也可以减少行车噪声对居民的干扰。

2. 法国

法国铁路根据运营要求合理安排线路修理天窗。法国高速线上的高速列车夜间不运行,在东南线上,最早一班自巴黎开出的列车是早上 6:00,而最后一班自巴黎开出的列车是晚上 10:00 以后。在白天,除了紧急情况外,一般不进行维修,而为了满足维修规则的要求,在线路上仍必须留有维修作业所需的"维修天窗",时间至少 1:30,主要用于检查,又称"检查天窗"。

对于一些工作量较大的维修工作,如更换高速线上的重要部件等,一年内必须有几次 6~7 h 的夜间维修天窗。

3. 德国

德国铁路运行图为检查和维修预留天窗是工作日早晨 3:00~5:00,周末的夜间也可用于进行维修作业。

4. 西班牙

西班牙高速铁路主要在夜间进行预防性维修,时间安排在 0:00~4:30,在这段时间内进行基础设施的维修,并开行 1 辆检测车沿线进行检查,早 7:00 恢复正常运行。

根据这些国家维修工作的经验,高速铁路的养护维修工作量都在预计范围内。

3.2.2 国内高速铁路"天窗"管理

列车运行图安排垂直天窗,天窗时间一般 0:00~4:00,每日不少于 240 min。天窗利用可按专业作业相对固定日期,每旬逢 1、4、7 日以工务作业为主,2、5、8 日以电务作业为主,3、6、9 日以供电作业为主,天窗应综合利用。每日开行载客动车组前,必须开行确认列车;综合检查车及确认列车的开行纳入列车运行图。

天窗维修作业单元划分,接触网施工、检修作业按供电臂划分停电单元。其他作业按上下行线分别沿正方向自一站接车端正向进站信号机起,至下一站正向进站信号机止为一个基本天窗单元。一个基本天窗单元内包含起始站内一个方向正线及该方向侧的到发线(包括衔接线路的有关道岔)和两站间区间正线。

列车调度员根据图定天窗时间、作业计划及运统-46登记情况,应在天窗点前15 min发布调度命令。各受令单位相关负责人应提前10 min将调度命令传达到现场作业负责人,作业负责人确认调度命令内容后,按调度命令组织作业。积极推广与客运专线设备检修相适应的作业组织方式;采用先进的检测、监控、施工、维修技术装备,提高机械化作业程度,完善检修工艺标准,实现对天窗修的科学化管理。

3.3　无砟轨道钢轨及扣件维修要求

3.3.1　无砟轨道钢轨维修要求

1. 高速铁路钢轨主要伤损形式

由于高速铁路列车轴重轻、运行速度高,铁路线路曲线半径较大,整体道床,轨下基础稳固,钢轨磨损较普通线路轻微。常见伤损类型有波浪形磨耗、踏面接触疲劳裂纹(又称"鱼鳞状裂纹")、核伤、焊缝内部缺陷等。

(1)波浪形磨耗

波浪形磨耗是指钢轨轨头踏面沿长度方向出现周期性的不均匀塑性变形和磨耗,是钢轨全长呈现波浪形状的不平顺。波浪形磨耗的波谷处有明显塑性变形,使踏面碾宽或出现碾边,轮轨接触光带变宽。波峰处踏面的塑性变形量明显小于波谷,接触光带变窄。波峰、波谷踏面光带的明暗程度也有差异。

(2)踏面接触疲劳裂纹

踏面接触疲劳裂纹是指轨头踏面在轮轨接触应力作用下形成的沿钢轨全长密集分布的表面裂纹,通常称为"鱼鳞状裂纹"。裂纹的扩展方向与行车方向有关,用手指顺行车方向探摸剥离裂纹时有刺手感。

(3)内部裂纹

内部裂纹又称"核伤",是指钢轨内部的制造缺陷(冶金缺陷、热处理缺陷等)在运行载荷作用下形成和扩展的疲劳裂纹或脆性裂纹。在内部裂纹未扩展到钢轨表面时,钢轨断裂的断口具有金属光泽,一般现场称之为"白核"。当内部裂纹已扩展到钢轨表面,由于受氧化腐蚀作用,使断口呈暗褐色,现场称之为"黑核"。

(4)焊接接头内部缺陷

钢轨焊接接头内部缺陷分闪光焊接头和铝热焊接头内部缺陷。

闪光焊接头内部缺陷主要是指接头内部存在的灰斑夹杂、疏松等缺陷,这些缺陷都有可能形成裂纹并引起钢轨折断。灰斑夹杂是指位于焊缝处含有 Si、Mn 等元素的夹杂物。疏松缺陷是指钢轨对接处的局部金属高温熔化时形成液态金属,在顶锻时没有被挤出焊口,冷却凝固时发生收缩,由于没有液态金属的补充,就会形成收缩

孔洞或形成分散分布的显微缩孔,称为疏松缺陷或疏松裂纹。

2. 高速铁路钢轨维修要求

(1)发现钢轨折断立即封锁线路,并根据现场情况分别采取紧急处理、临时处理或永久处理。紧急处理:当断缝不大于 30 mm 时,可上夹板或臌包夹板,用急救器加固,派专人看守,按不超过 45 km/h 速度放行列车,且临线限速不超过 160 km/h。临时处理:当钢轨折损严重、断缝超过 30 mm 时,应插入不短于 6 m 钢轨钻孔上夹板后按不大于 160 km/h 速度放行列车。永久处理:采用原位焊复或插入短轨焊复处理。发现重伤钢轨应立即处理,视情况采取加固处理或比照折断处理,根据现场实际情况采取限速措施。

(2)线路上临时插入的短轨不得短于 6 m,且不得连续插入,插入的短轨要及时焊复,不能及时焊复时,限速 160 km/h 及以下运行。

(3)相邻焊缝间距离不得小于 11 m。

(4)钢轨钻孔位置应在轨腹中和轴上,且必须倒棱。两螺栓孔的净距不得小于大孔径的两倍。其他部门需在钢轨上钻孔或加装设备时,必须经工务段同意并委托工务部门施工。

(5)严禁焊补钢轨,严禁使用火焰切割钢轨或烧孔,严禁使用刹子和其他工具强行截断钢轨和冲孔,严禁锤击轨底。

(6)应做好钢轨养护维修工作,预防和整治钢轨病害,延长钢轨使用寿命。按周期采用钢轨打磨车进行预防性打磨。

(7)高速铁路用钢轨探伤仪检查钢轨,检查钢轨必须按规定周期进行,利用"天窗"时间按计划检查。

3.3.2 无砟轨道扣件维修要求

(1)扣件类型应与钢轨、轨下胶垫类型相匹配。

(2)扣件应保持齐全,位置正确,作用良好。弹条的中部弯管应与轨距挡板突出部分接触,离缝不大于 0.5 mm;螺栓扭矩应不大于 250 N·m。

(3)轨垫、弹性底板垫压溃或变形丧失作用时,应进行更换。

(4)扣件伤损达到下列标准,应有计划地修理或更换:

① 螺旋道钉折断,螺母或螺杆丝扣损坏,严重锈蚀。

② 垫板损坏或作用不良。

③ 弹条损坏或不能保持应有的扣压力。

④ 轨距挡板严重磨损。

⑤ 绝缘套管损坏。

⑥ 轨距调整块、轨垫压溃或损坏。

3.4　板式无砟轨道维修

3.4.1　CRTSⅠ型板式无砟轨道维修

CRTSⅠ型板式无砟轨道是用双向预应力混凝土轨道板及 CA 砂浆(乳化沥青水泥砂浆)替换传统有砟轨道的轨枕和道砟的一种新型轨道形式,由板下混凝土底座、CA 砂浆垫层、轨道板、长钢轨及扣件等四部分组成。

由于板式轨道水泥沥青(CA)砂浆调整层的存在,受自然环境因素的影响较大,在结构凸形挡台周围及轨道板底边缘的 CA 砂浆存在破损现象,特别是在线路纵向力较大的伸缩调节器附近。因此在设计方面,用强度高、弹性和耐久性好的合成树脂材料替代凸形挡台周围的 CA 砂浆。对于轨道板底的 CA 砂浆调整层,以灌注袋的形式取代初期的直接灌注,以减少 CA 砂浆层的环境暴露面,从而显著提高了板式轨道结构的耐久性,以实现无砟轨道结构少维修的设计初衷。

1. CRTSⅠ型板式无砟轨道损伤类型

根据 CRTSⅠ 板式无砟轨道结构的特点,其主要是凸形挡台周围及轨道板底边缘的 CA 砂浆存在破损,导致轨道板受力不均匀而断裂,所以解决凸形挡台周围及轨道板底边缘的 CA 砂浆破损问题将是首要维修任务。根据板式轨道凸形挡台和板下 CAM 填充层可区分为裂缝、剥离和碎裂三种伤损类型。如图 3.1 所示。

2. 修补材料

(1)裂缝 0.2～5 mm 时:采用液态聚丙烯树脂类、液态聚氨基甲酸乙酯类、液态环氧树脂类、液态聚酯树脂类。

(2)裂缝 6～15 mm 及碎裂时:液态聚氨基甲酸乙酯类、液态环氧树脂类。

(3)材料性能要求:

挤出强度(摩擦力)1.05～1.18 N/mm²;

压缩强度 3.0～6.29 N/mm²;

弹性系数 19.6～23.5 kN/mm。

3. 修补方法

(1)锚钉法,如图 3.2 所示。

具体操作说明:首先清理需要修补处,剔除多余松动的掉块并保持修补处干燥,在修补处打入锚钉,锚钉长 50 mm ϕ 3 mm,打入底座深 20 mm,布钉间距 50～100 mm,再注入修补材料。

(2)凹槽法,如图 3.3 所示。

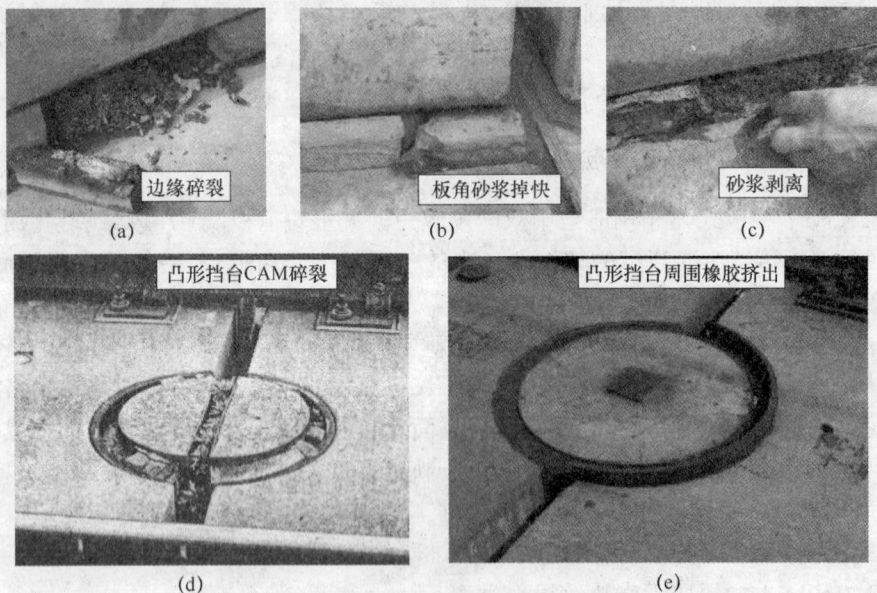

图 3.1 CRTS I 板式无砟轨道损伤类型

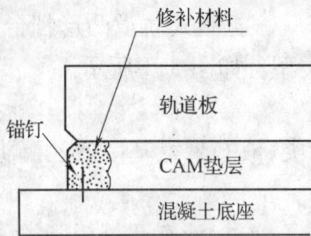

图 3.2 锚钉修补示意图

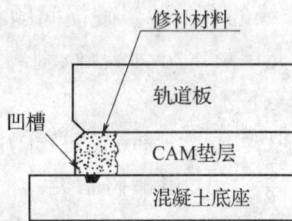

图 3.3 凹槽修补示意图

具体操作说明:首先清理需要修补处,剔除多余松动的掉块并保持修补处干燥,在混凝土底座表面上凿一凹槽,凹槽深 10 mm、长 50 mm、宽 20 mm,间距50～100 cm,凹槽形状是长方形、长圆形均可,考虑工效常用长圆形,再注入修补材料。

4. 修补工艺

(1)凸形挡台和板下填充层修补工艺

当凸形挡台和板下填充层需要修补时,应使用修补材料按照修补工艺流程进行修补。凸台结合部填充层修补工艺流程如图 3.4 所示。

```
┌─────────────────┐      ┌─────────────────────┐
│   制定修补计划   │◄─────│   部位、时间、方法   │
└────────┬────────┘      └─────────────────────┘
         │
┌────────▼────────┐      ┌──────────────────────────────┐
│   备齐修补材料   │◄─────│ 填充树脂、硬化剂、铸型砂、底漆 │
└────────┬────────┘      └──────────────────────────────┘
         │
┌────────▼────────┐      ┌──────────────────────────┐
│  备齐修补器具用具 │◄─────│ 电镐、手动搅拌机、燃气器   │
└────────┬────────┘  │   ├──────────────────────────┤
         │           └───│ 橡胶手套、防护眼镜、防护面罩 │
┌────────▼────────┐      └──────────────────────────┘
│     封锁线路     │
└────────┬────────┘
         │
┌────────▼────────┐
│  修凿待修挡台部位 │
└────────┬────────┘
         │
┌────────▼────────┐      ┌──────────────────┐
│    清除残渣      │◄─────│  用除尘器、吹风机  │
└────────┬────────┘      └──────────────────┘
         │
┌────────▼────────┐      ┌──────────┐
│ 加热烘干、去除水分 │◄────│  用燃气器  │
└────────┬────────┘      └──────────┘
         │
┌────────▼────────┐
│  待修处涂敷底漆   │
└────────┬────────┘      ┌──────────────────┐
         │           ┌───│   乙烯基酯类树脂   │
         │           │   ├──────────────────┤
         │           ├───│ 弹性系数10 kN/mm  │
┌────────▼────────┐  │   ├──────────────────┤
│  拌合树脂填充材料 │◄─┤   │ 低速搅拌300 r/min │
└────────┬────────┘  │   ├──────────────────┤
         │           └───│  可使用时间30 min  │
┌────────▼────────┐      └──────────────────┘
│  灌注树脂填充材料 │
└────────┬────────┘
         │
┌────────▼────────┐
│   处理废弃材料   │
└────────┬────────┘
         │
┌────────▼────────┐      ┌──────────────────────┐
│    检查验收      │◄─────│ 确认是否填充至挡台顶部 │
└─────────────────┘      └──────────────────────┘
```

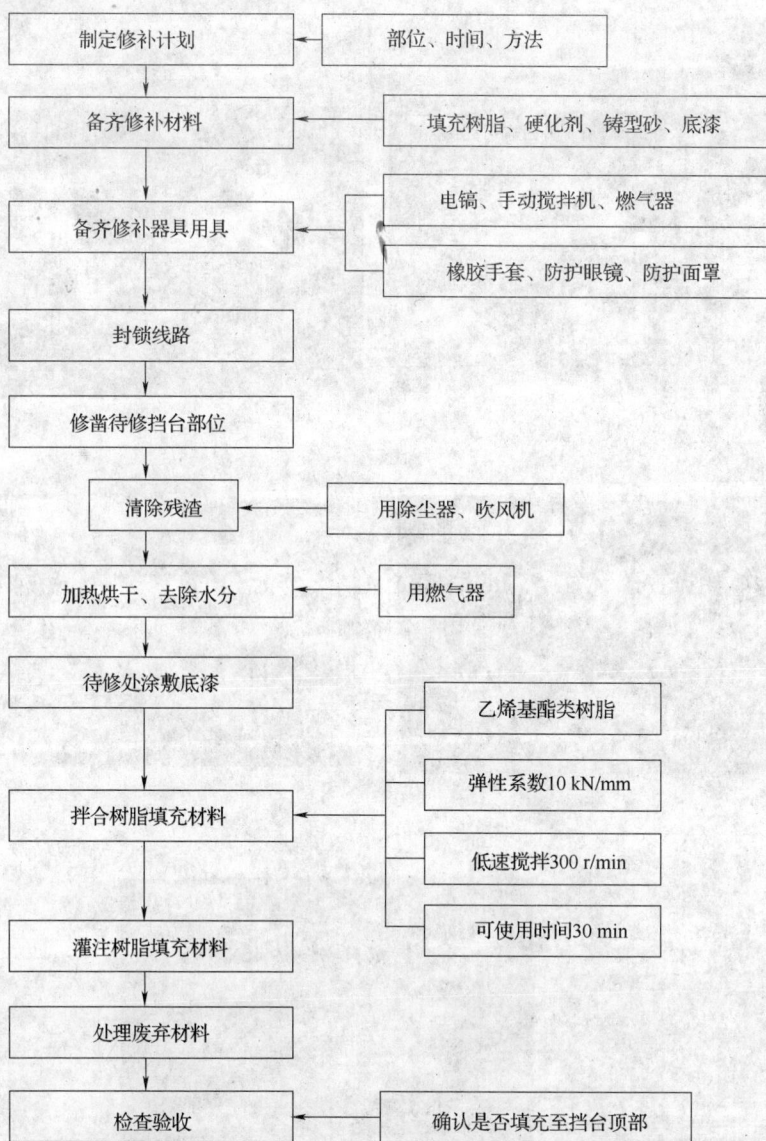

图 3.4　凸台结合部填充层修补工艺流程图

凸形挡台修补工艺如图 3.5 所示。

(2)模板法 CAM 填充层修补工艺

模板法 CAM 填充层修补工艺流程如图 3.6 所示,模板法 CAM 填充层修补工艺如图 3.7 所示。

145

高速铁路系列

(a)

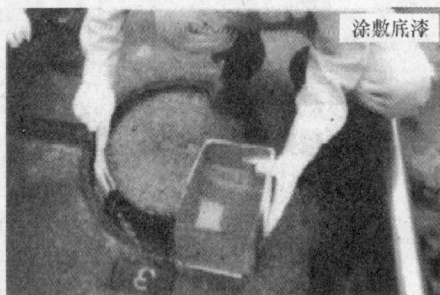

(b)

(c)

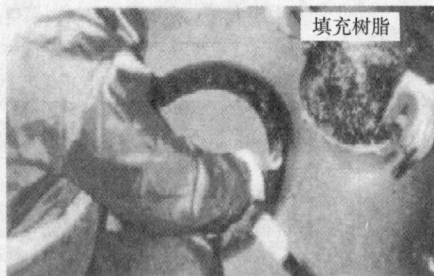

(d)

(e)

图 3.5　凸形挡台修补工艺

高速铁路系列

```
┌──────────────┐      ┌──────────────────┐
│  制定修补计划  │◀─────│  部位、时间、方法  │
└──────────────┘      └──────────────────┘
        │
        ▼
┌──────────────┐      ┌──────────────────────┐
│  备齐修补材料  │◀─────│  填充树脂、硬化剂、铸型  │
└──────────────┘      └──────────────────────┘
        │
        ▼                ┌──────────────────────┐
┌──────────────┐      │  电镐、手动搅拌机、燃气器  │
│ 备齐修补器具用具 │◀─────┤                        │
└──────────────┘      ├──────────────────────┤
        │                │ 橡胶手套、防护眼镜、防护面 │
        ▼                └──────────────────────┘
┌──────────────┐
│   封锁线路    │
└──────────────┘
        │
        ▼
┌────────────────┐
│ 修凿待修CAM部位  │
└────────────────┘
        │
        ▼
┌──────────────┐      ┌──────────────────┐
│   清除残渣    │◀─────│  用除尘器、吹风机  │
└──────────────┘      └──────────────────┘
        │
        ▼
┌──────────────────┐  ┌──────────────────┐
│ 加热烘干、去除水分  │◀─│  用丙烷燃气器      │
└──────────────────┘  └──────────────────┘
        │
        ▼
┌──────────────┐
│  设置简易模板  │
└──────────────┘
        │
        ▼
┌────────────────────┐
│ 轨道板侧面粘贴防污胶  │
└────────────────────┘
        │
        ▼                ┌──────────────────────┐
┌────────────────┐   │ 低速搅拌300 r/min      │
│ 拌合树脂填充材料  │◀───┤                        │
└────────────────┘   ├──────────────────────┤
        │                │ 可使用时间30 min        │
        ▼                └──────────────────────┘
┌────────────────┐   ┌──────────────────────┐
│ 灌注树脂填充材料  │◀───│  不灌注部分用树脂涂      │
└────────────────┘   └──────────────────────┘
        │
        ▼
┌──────────────┐
│  拆除简易模板  │
└──────────────┘
        │
        ▼
┌──────────────┐
│  处理废弃材料  │
└──────────────┘
        │
        ▼
┌──────────────┐      ┌──────────────────┐
│   检查验收    │◀─────│  缝隙 < 0.5 mm    │
└──────────────┘      └──────────────────┘
```

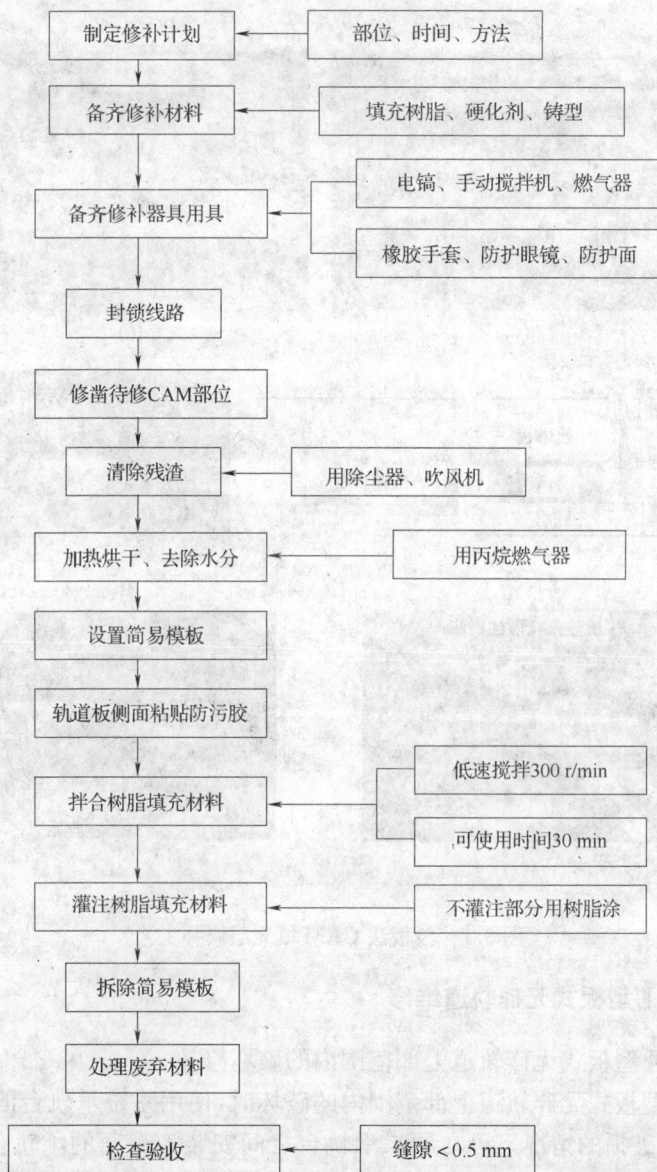

图 3.6　模板法 CAM 填充层修补工艺流程图

147

高速铁路系列

图 3.7 模板法 CAM 填充层修补工艺

3.4.2 CRTS Ⅱ 型板式无砟轨道维修

1.CRTS Ⅱ 型板式无砟轨道上部范围内的破坏修补

CRTS Ⅱ 型板式无砟轨道上部范围内的破坏时,使用系统承轨台的代用系统,在钢轨扣件系统破损的情况下可在原来承轨台之间安装一个新的承轨台,例如 Vossloh 公司 DFF 300-1 系统,如图 3.8、图 3.9 所示。

2.水硬性胶结支承层上面的无砟轨道完全破坏修理

当 CRTS Ⅱ 型板式无砟轨道水硬性胶结支承层上面的无砟轨道完全破坏时,在邻线的列车运营不受限制的情况下,用轨道式挖掘机清除相关线路侧面的道砟或填

图3.8　DFF 300-1

图3.9　修补好的承轨台

土(如图3.10所示)。使用索锯切割断破坏范围起点和终点的轨道板(如图3.11所示),并将其用一台轨道式挖掘机移除轨道板放置一旁(如图3.12所示),用抗剪销钉固定破损处两端未揭起的轨道板,将未受损轨道板端面的接缝处清理干净(如图3.13所示),在已经清洁的支承层上铺设新轨道板,用连续插入的螺杆升高轨道板使之到位并准确地进行再调整(如图3.14所示),重新灌注轨道板垫层(如图3.15所示)。

图3.10　清除相关线路侧面道砟或填土

图3.11　索锯切割断破坏的轨道板

图3.12　移除轨道板

图3.13　清理受损轨道板端面接缝处

高速铁路系列

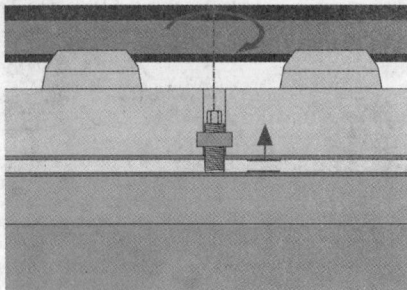

图 3.14 轨道板调整

图 3.15 重新灌注轨道板垫层

3.4.3 板式道床 WJ-7 型扣件垫板作业

1. 准备作业——调查工作量

(1)由线路车间测量小组根据轨道测量数据生成"模拟调整量表"。

(2)分析数据,确定调整区段。根据轨检小车测量的数据,对轨道精度和线形分区段进行综合分析评价,确定需要调整的区段。

(3)计算调整量,采用轨道小车配套软件进行调整量模拟计算,将高低、水平、三角坑尺寸全部调整到允许范围之内,并对轨道线形进行优化,形成调整方案"模拟调整量表"。

(4)现场对调整方案进行校核分析,用电子道尺检测出调整方案中需要调整的区段的轨距、水平,要求每根轨枕测量一次,并将测量数据写在钢轨或轨枕上,同时做好现场数据的采集记录工作。

(5)用 10 m 弦对钢轨的高低进行检测,并将数据写在钢轨上,同时做好现场数据的采集记录工作。

(6)做完现场的检测工作后,将调整方案精调情况与现场情况进行比较,如果现场情况与调整方案精调情况不一致,而且出入很大,甚至相反,那么调整方案不可采用,必须重新对线路进行精测,再制定调整方案,进行复核。

(7)根据现场调查确认,对计算的调整量进行核对优化后形成正式"调整量表",用于现场调整依据。

(8)根据计算调整量及要调整地点的线上既有扣件情况,准备调整用垫板、挡块数量、型号及所需工具。

2. 基本作业

(1)先选定一股钢轨作为基准股,对基准股钢轨高低进行精确调整,水平调整时固定基准股钢轨,调整另一股钢轨高低,校核水平精度。曲线地段以下股为基准轨,

直线地段选择与前方曲线下股同侧钢轨为基准轨。

（2）为了钢轨调高的需要，扣件系统设计有轨下调高垫板和铁垫板下调高垫板两种，分别放置于轨下垫板与铁垫板之间和铁垫板与绝缘缓冲垫板之间。轨下调高垫板按厚度分为 1 mm、2 mm、5 mm 和 8 mm 四种规格；铁垫板下调高垫板按厚度分为 5 mm 和 10 mm 两种规格。

（3）设置轨下调高垫板时，松开 T 形螺栓螺母，取出弹条、绝缘块、T 形螺栓、螺帽、平垫圈，用起道机适量抬起钢轨，用小铁铲铲下橡胶垫板，将需设置的轨下调高垫板和铲下的橡胶垫板重叠对正后放入轨下。

（4）设置铁垫板下调高垫板时，松开 T 形螺栓螺母和锚固螺栓，取出所有零配件，用起道机适量抬起钢轨，用小铁铲铲松绝缘缓冲垫板，将需设置的铁垫板下调高垫板和绝缘缓冲垫板重叠对正后放入铁垫板与承轨面之间，依次按照安装顺序放入其他垫板。

（5）设置轨下调高垫板和铁垫板下调高垫板组合时，可按以上第（3）、（4）的作业流程进行。

（6）对松卸的扣件进行除锈、除尘、除杂物处理。

（7）松开起道机，落下钢轨。

（8）安装扣件，拧紧轨枕螺栓，复测评估高低、水平、三角坑。

（9）收捡所有机具材料撤离线路，并将更换情况做好记录存档待查。

3. 技术要求

（1）垫板作业后，铁垫板、铁垫板下调高垫板、绝缘缓冲垫板的螺栓中心孔必须与预埋套管中心对正。

（2）紧固以弹条中部前端下颚与绝缘块间隙为 0.1～0.5 mm，扭力矩为 120 N·m，拧紧锚固螺栓扭力矩为 300～350 N·m。

（3）作业完毕后按表 3.1 所示进行验收。

表 3.1　板式道床 WJ-7 型垫板作业验收标准

序　号	指　标	作业验收允许偏差	检测方法
1	高低（短波）	2 mm/30 m 弦	轨检小车
		1 mm/10 m 弦	弦线
2	高低（长波）	10 mm/300 m 弦	轨检小车
3	水平	1 mm	道尺，轨检小车
4	三角坑	2 mm/6.25 m	

4. 注意事项

（1）轨下调高垫板不得放在钢轨与橡胶垫板之间，放入的轨下调高垫板总厚度不

得大于 10 mm,轨下调高垫板的数量不得超过两块,并应把最薄的轨下调高垫板放在下面,以防轨下调高垫板窜出。

(2)铁垫板下调高垫板放置在铁垫板与绝缘缓冲垫板之间。

(3)垫入铁垫板下调高垫板的总数不得超过两块,总厚度不得超过 20 mm。

(4)严禁用其他方式调整钢轨高度。

(5)起道时,起道机要放平,做到轻起轻落。

(6)松动的螺栓需涂润滑油(黄油),在螺栓润滑后应立即安装,在用电动扳手拧紧螺栓前先用手拧进,防止用电动扳手拧紧时损坏丝扣。

(7)为了易于起道和保护调整处前后扣件,应至少将调整处前后 2 根轨枕螺栓一并拧松。

3.4.4　板式轨道 WJ-7 型扣件轨距、轨向调整作业

为使线路、道岔的轨距和方向恢复原有的良好状态,应进行轨距、轨向调整作业。

1. 准备作业——调查工作量

(1)由线路车间测量小组根据轨道测量数据生成"模拟调整量表"。

(2)分析数据,确定调整区段。根据轨检小车测量的数据,对轨道精度和线形分区段进行综合分析评价,确定需要调整的区段。

(3)计算调整量,采用轨道小车配套软件进行调整量模拟计算,将方向、轨距全部调整到允许范围之内,并对轨道线形进行优化,形成调整方案"模拟调整量表"。

(4)现场对调整方案进行分析,结合现场找出存在问题的处所,明确需要调整的区段以及调整量,为现场调整做好准备。

(5)用电子道尺检测出调整方案中需要调整的区段的轨距,要求每根轨枕测量一次,并将测量数据写在钢轨或轨枕上,同时做好现场数据的采集记录工作。

(6)用 10 m 弦对钢轨的方向进行检测,每次拉弦测量时要求做到弦线绷紧,一块轨枕测量一次,读数时一定要准确,并将数据写在钢轨上,同时做好现场数据的采集记录工作。

(7)做完现场的检测工作后,将调整方案精调情况与现场情况进行比较,如果现场情况与调整方案情况基本一致,则说明调整方案可行,可以按照调整方案进行整治;如果现场情况与调整方案精调情况不一致,而且出入很大,甚至相反,那么调整方案不可采用,必须重新对线路进行精测,再制定调整方案、进行复核。

(8)根据现场调查确认,对计算的调整量进行核对优化后形成正式"调整量表",用于现场调整依据。

(9)根据计算调整量及要调整地点的线上既有零配件情况,准备调整用轨距挡板

和偏心形锥销数量、型号及所需工具。

2. 基本作业

(1)先选定一股钢轨作为基准股,对基准股钢轨轨距、方向进行精确调整,固定基准股钢轨,调整另一股钢轨轨距、方向,在曲线地段以上股为基准轨,直线地段选择与前方曲线上股同侧钢轨为基准轨。

(2)轨距、轨向调整作业应遵循"先轨向,后轨距"的原则。

(3)板式道床是通过松开轨枕上的锚固螺栓,横向移动整套扣件系统,来达到调整轨距、水平的目的。

(4)松开锚固螺栓,取出螺杆,对螺杆进行除锈涂油。

(5)用摇式起道机或轨距调整杆横移钢轨,以致带动整套扣件系统横移至目标值。

(6)若出现卡阻现象,要将平垫块调头。

(7)拧紧锚固螺栓,松开摇式起道机或轨距调整杆。

(8)复测评估轨距、轨向。

(9)收捡所有机工具材料撤离线路,并将更换情况做好记录存档待查,并修改零配件异动记录。

3. 技术要求

(1)WJ-7 扣件锚固螺栓扭矩为 $300\sim350$ N·m。

(2)作业完毕后按下表 3.2 所示进行验收。

表 3.2　板式轨道 WJ-7 型扣件轨距、轨向调整作业验收标准

序号	作业项目		作业验收允许偏差	检测方法
1	轨距	岔区	+1,−1 mm	道尺,轨检小车
		尖轨尖	+1,−1 mm	道尺,轨检小车
		区间	+1,−1 mm	道尺,轨检小车
2	轨距变化率		0.5‰	
3	轨向(岔区)	直线	2 mm	弦线,轨检小车
		支距	2 mm	支距尺
4	轨向(区间)	短波	2 mm/30 m 弦	轨检小车
			1 mm/10 m 弦	弦线
		长波	10 mm/300 m 弦	轨检小车
5	轨底外侧与轨距块缝隙		不大于 0.3 mm	塞尺
6	轨枕挡肩与轨距块缝隙		不大于 0.3 mm	塞尺

（3）调整作业后，轨距挡板、铁垫板、绝缘垫板、调整垫板的螺栓中心孔必须与预埋套管的中心对正。

4. 注意事项

（1）外力横移钢轨时，严禁使用锤击。

（2）松动的螺栓需涂润滑油（黄油），在螺栓润滑后应立即安装，在用电动扳手拧紧螺栓前先用手拧进，防止用电动扳手拧紧时损坏丝扣。

（3）严禁用其他方式调整钢轨轨距、轨向。

（4）为了易于横移钢轨和保护调整处前后扣件，应至少将调整处前后2根轨枕螺栓一并拧松。

3.5 双块式无砟轨道维修

双块式无砟轨道结构是我国高速铁路主要轨道结构形式之一，由于其少维修、免维修的特点，结合其本身结构特点，双块式无砟轨道维修与普通线路的维修方法及形式有本质上的区别，双块式无砟轨道一旦维修，维修工作量将很大，甚至会有施工单位参与维修施工。

3.5.1 双块式无砟轨道破坏类型

双块式无砟轨道施工时一般是先将钢轨、双块式轨枕精确定位和扣件拧紧，然后再浇筑混凝土，结构是一个完整复杂的体系，其伤损破坏也是多种多样，一般概括起来主要包括无砟轨道上部范围受到的损坏（包括扣件、锚固件、支承点或承轨台、道床板表面、轨枕）、较长范围内水硬性胶结支承层（HGT）以上无砟轨道全面损坏或系统无效、轨道或无砟轨道发生沉降和位置变化。

3.5.2 双块式无砟轨道维修

1. 弹条松驰

扣件弹条松驰是不需要更换任何扣件部分，只需要适当的紧固轨枕螺钉即可。

2. 轨枕外的扣件或扣件组件的损坏及维修

Vossloh 300-1NL 扣件系统的塑料榫钉和轨枕螺钉是完全或部分与轨枕结构结为整体，可称之为轨枕内部的钢轨扣件组件如图3.16所示；其余部分由钢轨垫板、基础板、弹性垫板、轨距板、扣件弹条等称之为轨枕外部的钢轨扣件组件，如图3.17所示。轨枕外部的钢轨扣件组件缺陷是由于正常使用、意外事故、以及安装或材料缺陷而造成的。

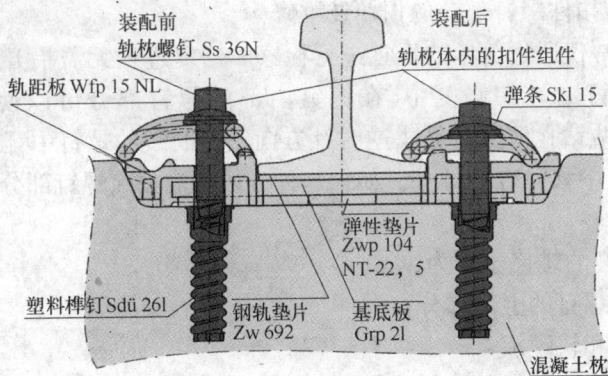

图 3.16 轨枕内部的钢轨扣件组件(图中深灰色部分)

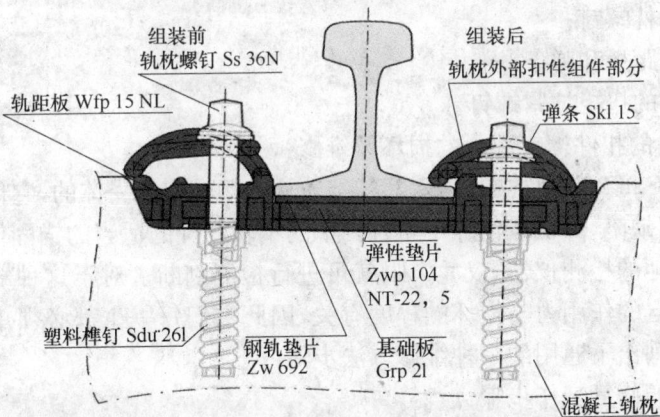

图 3.17 轨枕外部的钢轨扣件组件(图中深灰色部分)

这种缺陷仅通过肉眼就可检查出来,其修复过程工作步骤为:

(1)放松有损坏部分的轨道和相邻轨道的扣件;

(2)提升起钢轨;

(3)去除有缺陷的钢轨扣件或扣件组件;

(4)用压缩空气或空气嘴清扫榫钉孔(如取出了轨枕螺钉);

(5)润滑轨枕螺钉;

(6)安装新的钢轨扣件或扣件组件;

(7)放低钢轨;

(8)按需要的扭矩安装钢轨扣件。

3. 轨枕内的钢轨扣件的损坏及维修

（1）轨枕内的扣件螺钉部分的损坏及维修

这种缺陷通常仅通过简单的视觉进行检察。修复过程无需抬升起钢轨，只替换螺钉即可。在螺钉断裂的修复中，在榫钉内部的螺钉部分可以使用直径为 8～15 mm 的左螺纹钻钻孔清除。钻头逆时针方向钻进断裂的螺钉中，随着转动阻力增大，则能够从榫钉中移除螺钉部分。如果这种方法不能去除螺钉部分，则全部榫钉必须替换。

扣件螺钉断裂的维修步骤为：

① 去除断裂螺钉的上部部分；

② 去除弹条和轨距板；

③ 去除榫钉内的螺钉断折部分（使用钻孔机和左旋螺纹钻）；

④ 用压缩空气清洗榫钉；

⑤ 润滑轨枕螺钉；

⑥ 安装轨距板和弹条；

⑦ 用适当的扭矩拧紧螺钉。

（2）轨枕内的扣件榫钉部分的损坏及维修

塑料榫钉 Sdü 261、轨枕螺钉 Ss 36N 与轨枕结构是完全一体的，它们由于意外事故、安装或材料缺陷，降低或消除了轨枕内部的钢轨扣件的适当的锚固作用。这种损坏无需借助其他的检测仪器，仅凭肉眼就可进行检测判断。对于这种缺陷所需要的修复方法和各自的作用力与损坏的程度有关，因此它们每一个都必须单独的分析和解决。下面仅列出了通用的一种维修方法步骤。

扣件榫钉的修复工作步骤：

① 放松损坏部分的轨道和相邻轨道的扣件；

② 提升起钢轨；

③ 去除有缺陷的钢轨扣件；

④ 锤击销钉或螺钉进入有缺陷的榫钉内；

⑤ 沿逆时针方向从混凝土枕身内去除有缺陷的榫钉；

⑥ 用锒头或铁锤从有缺陷的榫钉内去除销钉或螺纹装置；

⑦ 用销钉或螺纹装置和扳手将车削螺纹的修理榫钉拧入混凝土枕身；

⑧ 用压缩空气或空气喷嘴清理榫钉孔；

⑨ 安装新的轨枕扣件或轨枕扣件组件；

⑩ 放低钢轨；

⑪ 用适当的扭矩固定扣件。

（3）轨枕内的锚固扣件的损坏及维修

　　由于意外事故、安装或材料的问题,可能造成钢轨扣件锚固件的损害。其损害类型如下:

　　① 螺栓头部分损害或失效、断裂;

　　② 塑料榫钉损害或失效;

　　③ 混凝土枕身损害或破碎、破裂。

　　这种损坏只需通过视觉就可检测出来。所需要的修复方法和各自的作用力与损坏的程度有关,因此它们每一个都必须单独的分析和解决。轨枕内的锚固扣件损坏修复过程如图 3.18 所示,其维修工作步骤如下:

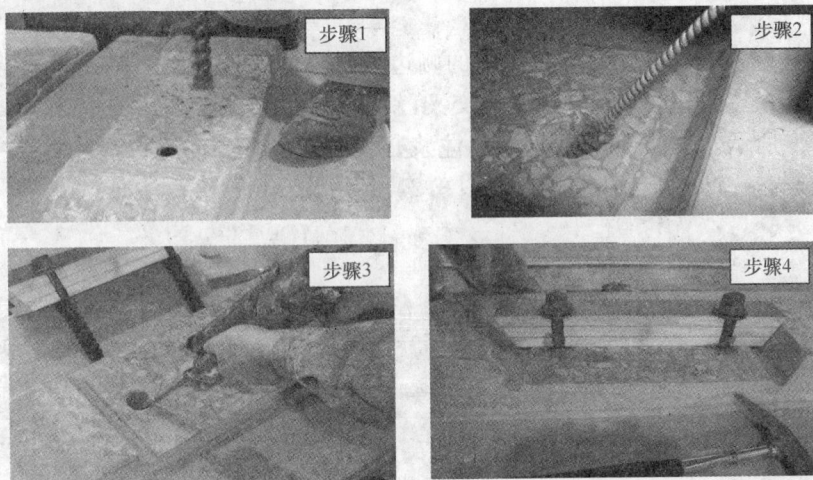

图 3.18　轨枕内的锚固扣件损坏修复过程图

　　① 松开受损和相邻部分的钢轨扣件;

　　② 提升起钢轨;

　　③ 去除有缺陷的全部钢轨扣件;

　　④ 在有缺陷的榫钉周围钻取芯孔(直径为 37 mm 缺陷榫钉的使用环氧树脂 KONUDUR 160 PL,直径大于 37 mm 深度大于 140 mm 的有缺陷的混凝土表面,使用 PAGEL 修复砂浆 V2/10 进行修复);

　　⑤ 用压缩空气(空气喷嘴)清理榫钉孔;

　　⑥ 准备混凝土替代材料;

　　⑦ 灌注混凝土替代材料;

　　⑧ 浆修理用榫钉和混凝土替代材料插入(安置)入所钻的孔洞里;

　　⑨ 混凝土替代材料的硬化;

　　⑩ 去除榫钉定位装置;

高速铁路系列

⑪ 安装新的钢轨扣件组件；

⑫ 放低钢轨；

⑬ 用适当的扭矩固定扣件；

4. 松动轨枕的修复

轨枕的松动是由于预制轨枕和新充填混凝土的生产过程和变形可能不同，导致在接缝处混凝土黏合性较差，在动力荷载作用下两者分离。这种病害的产生最终导致轨枕折裂，或道床由于浸水而降低坚固性，还可能导致列车脱轨。双头轨枕由于桁架的固化作用，能够良好的锚固于混凝土板中。因此，对轨枕松动的锚固，可注射环氧树脂或聚氨脂恢复其锚固力。

注射过程如下：首先必须在轨枕的侧边为封隔器钻一与垂直轴线方向成 45°的注浆孔，这个注浆孔必须与轨道平面交叉，斜插在混凝土板与轨枕表面的连接层上，如图 3.19 所示。在插入孔封隔器后，注浆必须沿着一个方向进行，以确保完全填满混凝土板与轨枕间的空隙（图 3.20、图 3.21）。

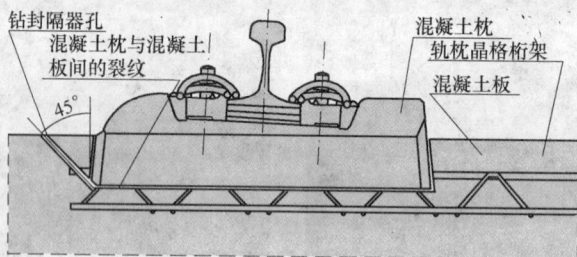

图 3.19 灌注孔封隔器

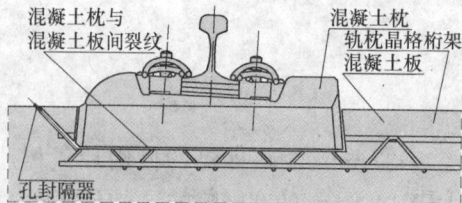

图 3.20 插入孔封隔器

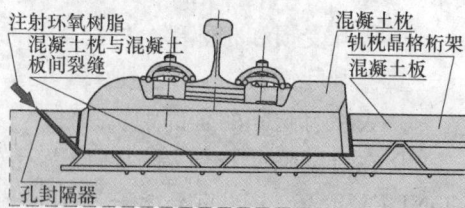

图 3.21 注射环氧树脂

如果注浆材料不能在轨枕周围获得均匀流动，则在轨枕的四周填加孔封隔器；注浆压力不得超过受压强度的 1/3，对 B35 混凝土，注浆压力不得超 12 MPa 以避免损坏混凝土板或使裂缝加大；环境温度必须保持在 8～30 ℃之间，以确保使用环氧树脂适当的反应；在灌浆完成后（大约 12 h）轨道位置必须通过测量检查，并在必要的情况下，对可能使用的钢轨扣件进行精确调节。

松动轨枕修复的操作步骤：

(1)清扫松动轨枕与混凝土板间的连接部位；

(2)钻封隔器进气孔并清洁封隔器进气孔和安装孔封隔器；

(3)准备注浆设备和注浆材料；

(4)对松动的轨枕进行注浆；

(5)去除封隔器并清洁混凝土枕表面；

(6)清洗工具(机器设备)；

(7)注浆材料的硬化。

5. 混凝土轨枕裂纹的修复

混凝土支承层或轨枕的表面受到损伤只影响轨道系统的坚固性，并不会直接导致功能降低，在无砟轨道系统维修方案中建议用合成材料调配的灰浆(PCC)重新修复损伤的混凝土构件，其他的维修方案，由于受损伤混凝土支承层范围尺寸(面积和深度)的限制，其应用范围有限。对裂纹宽度约达 1 mm 的修复，建议采用灌注环氧树脂(EP-T)的方法。对此首先用金刚石砂轮把裂纹打磨约 5 mm 深。恢复荷载前，根据当时的温度、列车通过时裂纹宽度的变动和所使用的材料，注入打磨槽的环氧树脂的硬化时间应定为 0～12 h。出现更大宽度的裂纹时，建议采用环氧树脂压注法(EP-I)或聚氨脂压注法(PUR-I)充填裂纹。充填前需以适当的间距(一般情况下约 30 cm)，沿着裂纹把粘合物塞进裂纹，在裂纹的其他范围则填塞环氧树脂、聚脂材料或聚氨脂。压注硬化时间(0.5～8 h)取决于温度情况、所使用的材料和所需的灌注压力。在裂纹内的填充物硬化后，将调配的填充物(环氧树脂或聚氨脂)压入粘合塞中。为使填充物在线路开通之前得以硬化，根据当时的温度、列车通过时裂纹宽度的变动和所使用的材料，应另规定 0～12 h。

一般来说，对在混凝土板内有裂纹的轨枕不准进行修理，而且在安装上层轨道板结构之前要清理出来。然而，对于已经安装了的混凝土板外部有裂纹的轨枕，则无论其宽度如何，都必须进行裂纹修复，混凝土枕裂纹如图 3.22 所示。

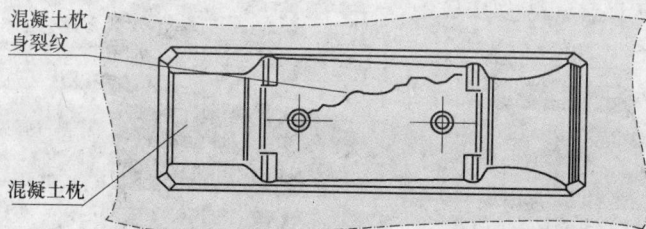

图 3.22 混凝土枕裂纹示例

高速铁路系列

修复混凝土轨枕裂纹的方法是灌浆。使用的灌浆材料是环氧树脂或聚氨脂。在修复过程中应注意：在受损坏的表面必须使用混凝土打磨机、真空净化器、空气喷嘴、水进行干净和干燥处理；胶粘剂封隔器（注入口图 3.23）必须固定在距裂纹上面大约 20～30 cm 处（图 3.24）；全部裂缝必须用适当的灌浆化合物密封（宽度大约 10 cm）以免

图 3.23　胶粘剂封隔器

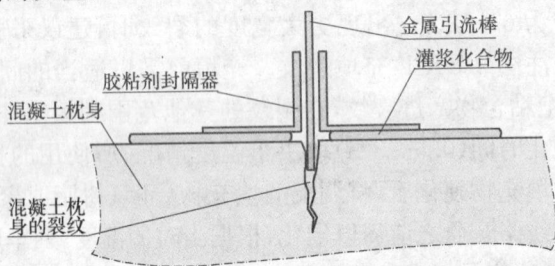

从轨枕表面流出灌浆材料（图 3.25）；仅在裂缝末端必须保留一个通气孔（如图 3.26）；同时，必须准备速凝材料以便修复在灌浆过程中可能发生的泄漏点；灌浆压力必须向一个方向推进；注浆必须从最外的封隔器开始（与开的通气孔相反的末端）；如果灌浆材料从下一个封隔器流出，则必须对前一个封隔器进行封闭。这个过程将一直持续到末端的裂纹处，以确保完全填充（图 3.27）；灌浆压力不得超过 6 MPa，以免损害到封隔器的固定和裂缝的密封，环境温度必须保持在 8～30 ℃，以确保所使用环氧树脂能进行适当的反应。

图 3.24　胶粘剂封隔器的安装位置

图 3.25　使用注浆化合物密封胶粘剂封隔器

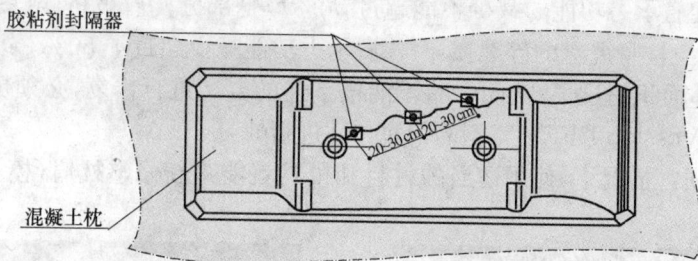

图 3.26 沿裂纹安装胶粘剂封隔器

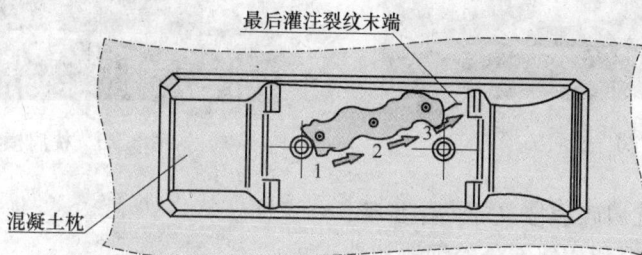

图 3.27 注浆工艺过程

轨枕裂纹修复的操作步骤：

(1)清洗混凝土枕裂缝周围表面(混凝土打磨机、真空清洁机、水)；

(2)准备灌浆材料(胶粘剂封隔器)；

(3)根据灌浆需求分析固定胶粘剂封隔器；

(4)用灌浆化合物密封裂缝；

(5)胶粘剂封隔器和灌浆化合物的硬化密封；

(6)准备灌浆材料(环氧树脂或聚氨脂)；

(7)裂缝灌浆；

(8)灌浆完毕后,清洗工具(机器设备)；

(9)灌浆材料硬化；

(10)拆除封隔器并清洁混凝土枕表面。

6. 混凝土枕肩碎裂

在运行过程中,由于意外事故(例如列车脱轨)上部结构的整体混凝土枕身通常会被损坏,较为典型的轻度损害(最大的损坏面积为 80 cm² 的枕肩被挤碎的最大深

度为 5 cm,枕肩承力功能的减少不能超过 50%。)是部分枕肩被挤碎(图 3.28)。另外,还有混凝土枕枕身严重的碎裂损坏(枕肩承力功能减少超过了 50%,裂缝深度超过了 5 cm,损坏面积超过了 80 cm²)将不能按下述的方法进行修复,必须更换轨枕,并重新安装如 Vossloh DFF 300 型的钢轨扣件进行修复。

在轻度损害情况下,使用适当的材料和模具就能重新修整枕肩(模具如图 3.29 所示)。

图 3.28　枕肩的损害

图 3.29　枕肩模具

混凝土枕枕肩碎裂修复的操作步骤:

(1)松开受损和相邻部分的钢轨扣件;

(2)提升起钢轨(在需要的情况下);

(3)去除掉钢轨扣件(在需要的情况下);

(4)清除松散的混凝土枕部分,然后将受损坏的混凝土表面部分用铁锤、钢丝刷和空气喷嘴清理干净;

(5)将受损混凝土表面部分润湿;

(6)在受损混凝土表面涂抹上一层黏结材料层(用一种较硬的刷子);

(7)安装轨枕模具;

(8)配制适当的 PCC 砂浆(最小环境温度为 5 ℃);

(9)灌注 PCC 砂浆进入轨枕模具里面或各个被浮筒损害的表面;

(10)清洗工具;

(11)PCC 砂浆的硬化(最小环境温度为 5 ℃);

(12)安装新的钢轨扣件或扣件组件;

(13)放低钢轨;

(14)用适当的扭矩锁紧固定住钢轨扣件。

7. 损伤后补装单独支承点

在所研究的各种无砟轨道系统中,当轨枕或钢轨垫板上出现损伤时,作为轨枕更

换的一种比选方案是安装单独支承点。新的支承点安装在与损坏轨枕相邻的轨枕盒中，在修复措施结束后用它承受全部荷载。采用这种方式可重新恢复无砟轨道系统的使用性。损坏的轨枕连同旧的钢轨支承点留在原处，以节省时间并避免出现其他损坏现象。如图 3.30、图 3.31 所示。

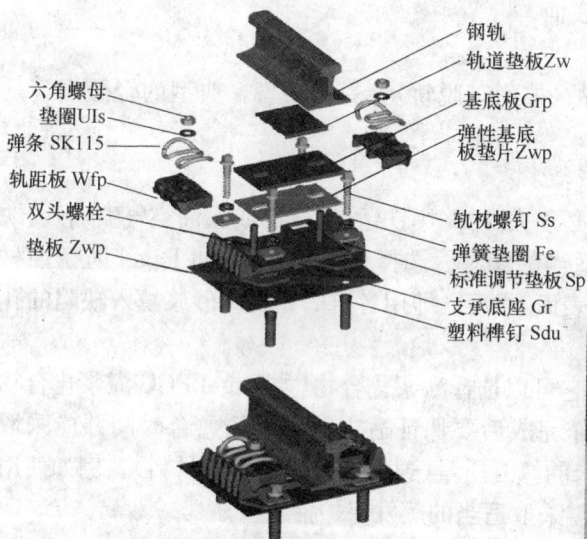

图 3.30 扣件系统 Vossloh DFF 300

图 3.31 损伤后补装
单独支承点实景图

8. 道床板的损坏

(1)道床板裂纹

根据调查研究显示，在道床板上裂纹宽度不超过 0.5 mm 是可以接受的，不需要进行任何维修工作。然而，如果裂纹的宽度是超过了 0.5 mm，则将影响到道床板或支承层的承力性能，降低其稳定性，因此是需要用饱和的环氧树脂进行裂纹的修理。

道床板上有较宽或较深裂纹的修复合适方法就是使用环氧树脂或聚氨脂灌浆，工艺如轨枕裂纹修复的操作。

修复的具体操作步骤：

① 清洗混凝土板表面裂纹周围区域(角磨机、真空净化器、水)；

② 准备灌浆化合物(胶粘剂封隔器)；

③ 根据分析要求固定胶粘剂封隔器；

④ 用灌浆化合物密封裂纹；

⑤ 胶粘剂和灌浆化合物的硬化密封；

⑥ 配制灌浆材料（混合物）；

⑦ 裂纹灌浆；

⑧ 清洗工具或机器设备；

⑨ 灌浆材料的硬化；

⑩ 去除封隔器并清洗混凝板表面。

（2）道床板浅表层损害

通常而言，道床板由于意外事故（如列车脱轨）会受到损害。典型的轻微损害是深度不超过 10 cm 的擦伤。

这种修复损坏的具体方法如下：

首先，所有松散的混凝土部分必须去除掉（用铁锤、钢丝刷或无油空气喷嘴）。缺陷的表面必须被清扫干净和保持适当的润湿。选择粘结层材料（如 Pagel 防锈蚀材料和 MS02 粘结材料或装备）刷在表面，之后立即用各自的修复用砂浆填入缺陷的孔洞中。

如果是需要修复的孔洞较小，它可以选择灌浆化合物（如 Pagel PCC 灌浆化合物 MS05 或装备）和浮筒。在修复工作完成后要保证适当的必要的愈合时间并应采取一定保护措施以确保能达到所要求的修复质量（这将依据所使用的材料）。例如使用 PCC 砂浆的环境温度超过 5 ℃并需采取适当的蒸发保护措施。

PCC 砂浆是一种以高分子聚合物为原材料，经处理后再掺入水泥、添加剂和砂等组成的聚合物水泥基复合型胶凝材料。具有良好的黏结性能和变形性能、抗冲磨、抗老化、施工简单、工期短，且价格较低，特别是能够带水作业的特点，对于经常处于潮湿状态的放水洞、涵管等地下工程的混凝土修补尤为方便，在水利工程中获得广泛的应用。

其具体工作步骤如下：

① 去除松散的混凝土部分，然后用铁锤、钢丝刷和空气喷嘴将受损部分混凝土的表面清理干净；

② 将混凝土受损部分表面润湿；

③ 用较硬的洗涤刷在混凝土受损表面刷满粘结材料；

④ 配制适当的 PCC 砂浆（最小环境温度为 5 ℃）；

⑤ 用浮筒灌注 PCC 砂浆在有缺陷的孔洞或各个表面受损部位；

⑥ 清洗工具；

⑦ PCC 砂浆的硬化（最小环境温度为 5 ℃），包括处理后的蒸发保护（用塑料或羊毛毡覆盖、润湿、使用专门的防蒸发的材料如 Pagel 01 防蒸发材料）。

（3）大面积更换道床板

如果道床板损坏而无法保证轨枕或钢轨支承点的荷载的均匀分布和位置的稳定性,并且采用其他措施也不能修复时,则必须成段的完全更换道床板。

首先在需要更新的轨道区段把钢轨锯断并拆下,与损坏区段的连接段应对支承层采取必要的措施进行固定。在做好这些准备工作之后,用金刚石锯把损坏的道床板锯成可供运输的块段。通过剪切和抬升把道床板与水硬性支承层分离,然后运走。在与相邻完好路段连接的过渡段,为便于钢筋搭接,连接钢筋应预留足够的长度。在下一步的施工流程中,应对裸露的混凝土表面进行预处理,并把适合的钢筋焊接到裸露的连接钢筋上。全部钢筋铺设和轨枕定位之后就可以铺设浇筑混凝土支承层的模板了。调整轨排和浇筑混凝土按无砟轨道的施工规定进行。新浇混凝土应使用适宜的措施(覆盖薄膜、隔热、保湿)进行足够的养护。对相应的混凝土配比,根据温度的不同养护 2～6 d 后就可以完全恢复荷载。大面积更换道床板示意图如图 3.32～3.41 所示。

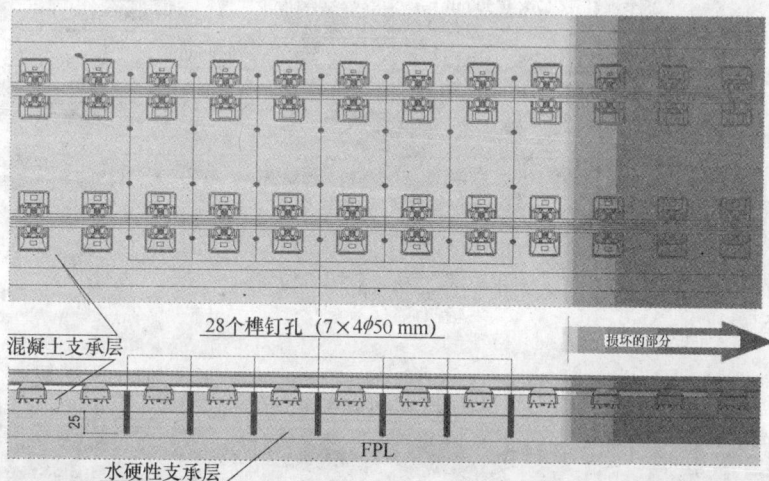

28个榫钉孔 (7×4φ50 mm)

损坏的部分

混凝土支承层

水硬性支承层

25

FPL

图 3.32 布置锚固榫钉

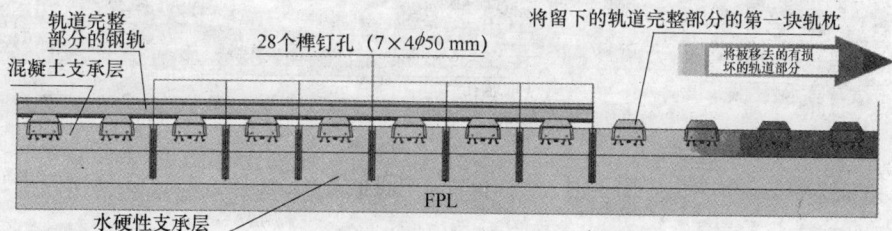

轨道完整部分的钢轨

28个榫钉孔 (7×4φ50 mm)

将留下的轨道完整部分的第一块轨枕

将被移去的有损坏的轨道部分

混凝土支承层

水硬性支承层

FPL

图 3.33 钢轨切割位置

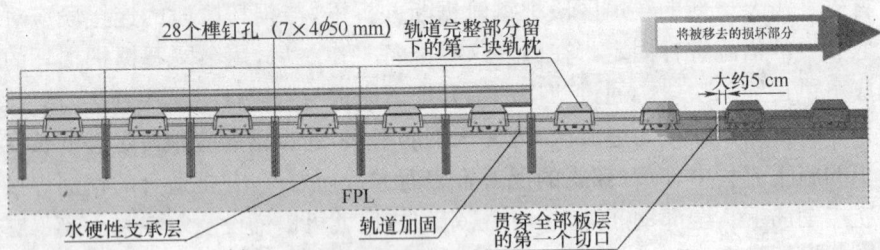

图 3.34　第一个切口位置

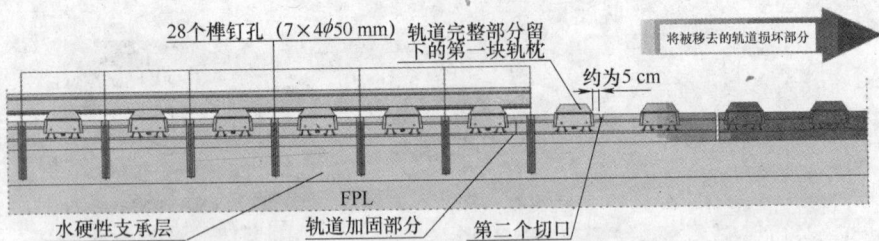

图 3.35　第二个切口位置

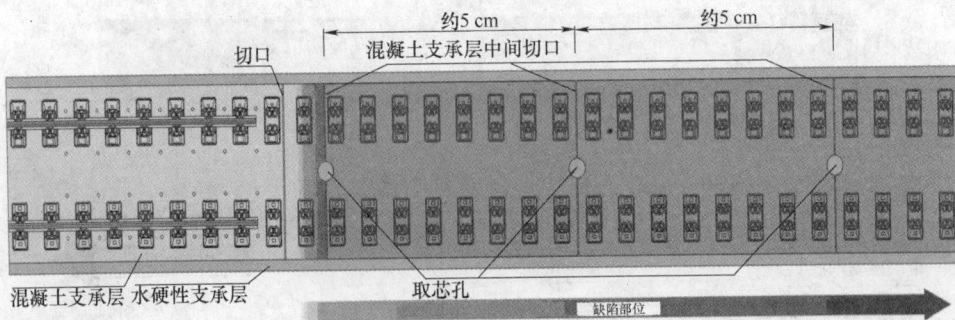

图 3.36　道床板切口中间布置取芯孔

混凝土支承层 切口 第一个切口(在完好的轨道与缺陷轨道间)

水硬性支承层 第一个取芯孔 液压柱塞 受力方向

缺陷部位

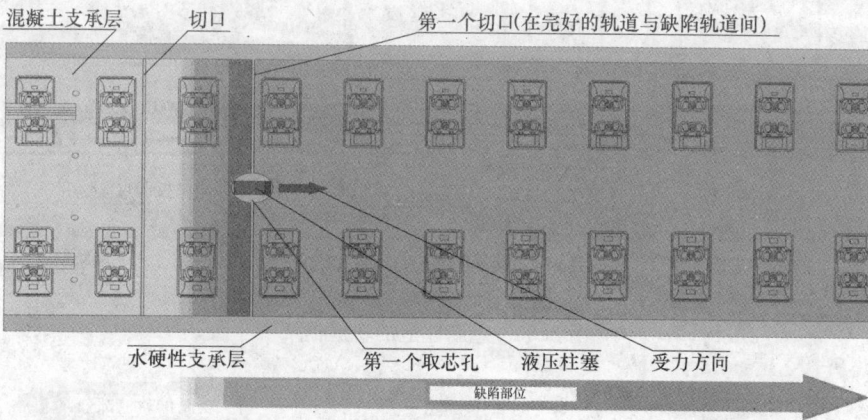

图 3.37 在第一个取芯孔安置液压柱塞

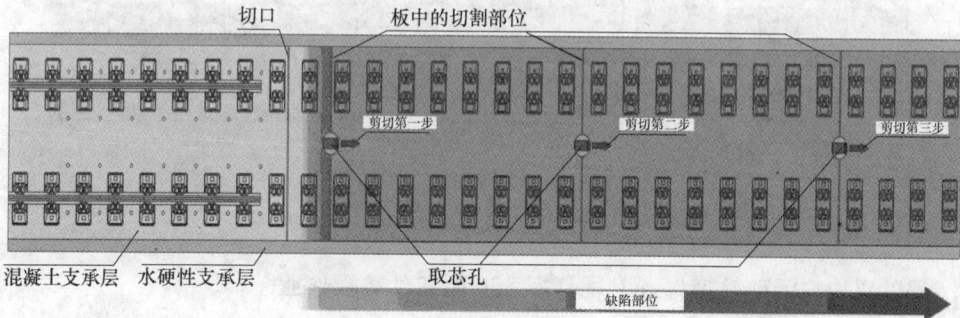

切口 板中的切割部位

剪切第一步 剪切第二步 剪切第三步

混凝土支承层 水硬性支承层 取芯孔

缺陷部位

图 3.38 剪切步骤

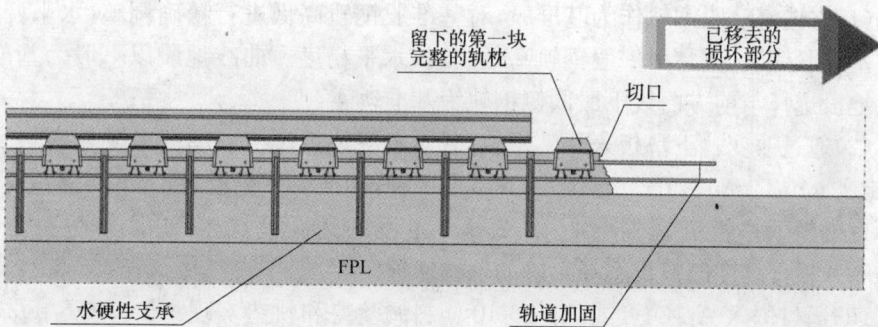

留下的第一块完整的轨枕 已移去的损坏部分

切口

水硬性支承 FPL 轨道加固

图 3.39 去除缺陷轨道部分后的末端

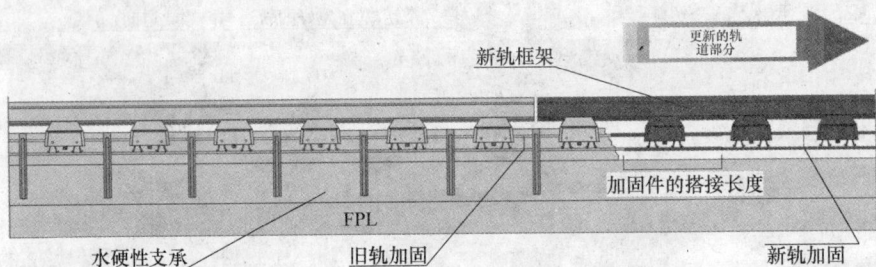

图 3.40 重新建造的轨道框架

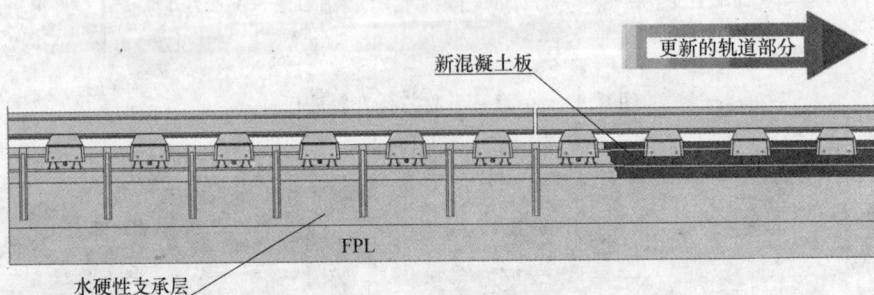

图 3.41 浇筑新道床板

3.5.3 双块式无砟轨道(区间)福斯罗 300 型扣件垫板作业

1. 准备作业——调查工作量(与板式轨道相同)

2. 基本作业

(1)先选定一股钢轨作为基准股,对基准股钢轨高低进行精确调整,水平调整时固定基准股钢轨,调整另一股钢轨高低,校核水平精度。曲线地段以下股为基准轨,直线地段选择与前方曲线下股同侧钢轨为基准轨。

(2)通过改变轨下垫板来调整钢轨高低,轨下垫板规格以厚度来区分,有 2 mm、3 mm、4 mm、5 mm、6 mm、7 mm、8 mm 共 7 种,标准轨下垫板为 6 mm。通过更换不同厚度的轨下垫板可调整−4～+2 mm 范围内的高度调整,更换轨垫每步调整 1 mm,并根据高度调整量选择正确的轨枕螺栓。

(3)通过嵌入 Ap 20-6 或 Ap 20-10 塑料调整垫和轨垫实现+3～+28 mm 范围内的高度调整,并根据高度调整量选择正确的轨枕螺栓。

(4)通过嵌入塑料调整垫 Ap 20-6 或 Ap 20-10、钢制调高垫板 Ap 20S 和轨垫实现+29～+56 mm 范围内的高度调整,并根据高度调整量选择正确的轨枕螺栓。

（5）松开轨枕螺栓，取出轨枕螺栓、弹条、绝缘垫片和轨距挡板，用起道机适量抬起钢轨，用小铁铲铲松轨下垫板或弹性垫板（需垫调高垫板时方才铲松弹性垫板），将待更换的轨下垫板取出更换或在承轨面上嵌入调整垫板。

（6）对松卸的扣件进行除锈、除尘、除杂物处理。

（7）松开起道机，落下钢轨。

（8）安装扣件，拧紧轨枕螺栓，复测评估高低、水平、三角坑。

（9）收捡所有机工具材料撤离线路，并将更换情况做好记录存档待查。

3. 技术要求

（1）垫板作业后，轨距挡板、铁垫板、绝缘垫板、调整垫板的螺栓中心孔必须与预埋套管的中心对正。

（2）紧固以弹条中部前端下颚与绝缘垫片间隙 0.1~0.5 mm，扭力矩为 180~250 N·m。

（3）作业完毕后按表 3.3 所示进行验收。

表 3.3 双块式无砟轨道（区间）福斯罗 300 型扣件垫板作业验收标准

序 号	指 标	作业验收允许偏差	检测方法
1	高低（短波）	2 mm/30 m 弦	轨检小车
		1 mm/10 m 弦	弦线
2	高低（长波）	10 mm/300 m 弦	轨检小车
3	水平	1 mm	道尺，轨检小车
4	三角坑	2 mm/6.25 m	

4. 注意事项

（1）钢制调高垫板加塑料调整垫组合时，塑料调整垫板应放在下面。

（2）严禁用其他方式调整钢轨高度。

（3）起道时，起道机要放平，做到轻起轻落。

（4）松动的螺栓需涂润滑油（黄油），在螺栓润滑后应立即安装，在用电动扳手拧紧螺栓前先用手拧进，防止用电动扳手拧紧时损坏丝扣。

（5）为了易于起道和保护调整处前后扣件，应至少将调整处前后 2 根轨枕螺栓一并拧松。

3.5.4 双块式轨枕福斯罗 300 型扣件轨距、轨向调整作业

为使线路、道岔的轨距和方向恢复原有的良好状态，应进行轨距、轨向调整作业。

1. 准备作业——调查工作量

169

高速铁路系列

（1）由线路车间测量小组根据轨道测量数据生成"模拟调整量表"。

（2）分析数据，确定调整区段。根据轨检小车测量的数据，对轨道精度和线形分区段进行综合分析评价，确定需要调整的区段。

（3）计算调整量，采用轨道小车配套软件进行调整量模拟计算，将方向、轨距全部调整到允许范围之内，并对轨道线形进行优化，形成调整方案"模拟调整量表"。

（4）现场对调整方案进行分析，结合现场找出存在问题的处所，明确需要调整的区段以及调整量，为现场调整做好准备。

（5）用电子道尺检测出调整方案中需要调整的区段的轨距，要求每根轨枕测量一次，并将测量数据写在钢轨或轨枕上，同时做好现场数据的采集记录工作。

（6）用 10 m 弦对钢轨的方向进行检测，每次拉弦测量时要求做到弦线绷紧，一块轨枕测量一次，读数时一定要准确，并将数据写在钢轨上，同时做好现场数据的采集记录工作。

（7）做完现场的检测工作后，将调整方案精调情况与现场情况进行比较，如果现场情况与调整方案情况基本一致，则说明调整方案可行，可以按照调整方案进行整治；如果现场情况与调整方案精调情况不一致，而且出入很大，甚至相反，那么调整方案不可采用，必须重新对线路进行精测，再制定调整方案、进行复核。

（8）根据现场调查确认，对计算的调整量进行核对优化后形成正式"调整量表"，用于现场调整依据。

（9）根据计算调整量及要调整地点的线上既有零配件情况，准备调整用轨距挡板和偏心形锥销数量、型号及所需工具。

2. 基本作业

（1）先选定一股钢轨作为基准股，对基准股钢轨轨距、方向进行精确调整，固定基准股钢轨，调整另一股钢轨轨距、方向，在曲线地段以上股为基准轨，直线地段选择与前方曲线上股同侧钢轨为基准轨。

（2）轨距、轨向调整作业应遵循"先轨向，后轨距"的原则。

（3）根据设计要求，300-1 扣件系统的轨距调整范围为 ±16 mm，轨距、轨向调整是通过更换不同宽度的轨距挡板，实现 ±8 mm 范围内的横向调整。例如：现场为标准型 Wfp15u 轨距挡板，轨距 +3 mm，计划将轨距改为 +0 mm。那么轨道外侧用 Wfp15u+3 轨距挡板，内侧用 Wfp15u-3 轨距挡板，来实现轨距减小 3 mm。其他调整量以此类推。

（4）松开轨枕螺栓，取出轨枕螺栓、弹条、绝缘垫片和轨距挡板，用摇式起道机或轨距调整杆横移钢轨至目标值，根据调整量安装好新更换的轨距挡板。

（5）松开摇式起道机或轨距调整杆。

(6)对松卸的扣件进行除锈、除尘、除杂物处理。

(7)安装扣件,拧紧轨枕螺栓,复测评估轨距、轨向。

(8)收捡所有机工具材料撤离线路,并将更换情况做好记录存档待查,并修改零配件异动记录。

3. 技术要求

(1)福斯罗扣件紧固以弹条中部前端下颚与绝缘垫片间隙 0.1～0.5 mm,扭力矩为 180～250 N·m。

(2)作业完毕后按下表 3.4 所示进行验收。

表 3.4 双块式轨枕福斯罗 300 型扣件轨距、轨向调整作业验收标准

序号	作业项目		作业验收允许偏差	检测方法
1	轨距	岔区	+1,-1 mm	道尺,轨检小车
		尖轨尖	+1,-1 mm	道尺,轨检小车
		区间	+1,-1 mm	道尺,轨检小车
2	轨距变化率		0.5‰	
3	轨向(岔区)	直线	2 mm	弦线,轨检小车
		支距	2 mm	支距尺
4	轨向(区间)	短波	2 mm/30 m 弦	轨检小车
			1 mm/10 m 弦	弦线
		长波	10 mm/300 m 弦	轨检小车
5	轨底外侧与轨距块缝隙		不大于 0.3 mm	塞尺
6	轨枕挡肩与轨距块缝隙		不大于 0.3 mm	塞尺

(3)调整作业后,轨距挡板、铁垫板、绝缘垫板、调整垫板的螺栓中心孔必须与预埋套管的中心对正。

4. 注意事项

(1)外力横移钢轨时,严禁使用锤击。

(2)松动的螺栓需涂润滑油(黄油),在螺栓润滑后应立即安装,在用电动扳手拧紧螺栓前先用手拧进,防止用电动扳手拧紧时损坏丝扣。

(3)严禁用其他方式调整钢轨轨距、轨向。

(4)为了易于横移钢轨和保护调整处前后扣件,应至少将调整处前后 2 根轨枕螺栓一并拧松。

复习思考题

1. 简述无砟轨道维修工作的基本任务及维修原则。

2. 高速铁路钢轨主要伤损形式有哪些？

3. 高速铁路钢轨维修具体要求有哪些？

4. 无砟轨道扣件维修有哪些具体要求？

5. CRTS I 型板式无砟轨道损伤类型有哪些？

6. CRTS I 型板式无砟轨道损伤修补方法有哪些？

7. 简述板式道床 WJ-7 型扣件垫板作业注意事项。

8. 简述板式轨道 WJ-7 型扣件轨距、轨向调整作业注意事项。

9. 双块式无砟轨道破坏类型有哪些？

10. 双块式无砟轨道轨枕外的扣件损坏后如何修复？

11. 简述双块式无砟轨道松动轨枕修复的具体做法。

12. 简述双块式无砟轨道混凝土枕肩碎裂修复方法。

参 考 文 献

[1] 何华武. 无砟轨道技术. 北京:中国铁道出版社,2005.

[2] 安国栋. 高速铁路无砟轨道技术标准与质量控制. 北京:中国铁道出版社,2009.

[3] 王其昌. 无砟轨道钢轨扣件. 成都:西南交通大学出版社,2006.

[4] 李成辉. 铁路轨道. 北京:中国铁道出版社,2010.

[5] 赵国堂. 高速铁路无砟轨道技术. 北京:中国铁道出版社,2005.

[6] 中华人民共和国铁道部. 铁科技〔2007〕207 号 WJ-7 型扣件暂行技术条件. 北京:中国铁道出版社,2009.

[7] 中华人民共和国铁道部. 铁科技〔2007〕207 号 WJ-8 型扣件暂行技术条件. 北京:中国铁道出版社,2009.

[8] 广州铁路(集团)公司. 广武工发〔2009〕45 号,GZG/WG/GW 102—2009 广州铁路(集团)公司武广客运专线无砟轨道维修管理办法(试行). 广州:广州铁路(集团)公司,2009.

[9] 中华人民共和国铁道部. 既有线提速 200～250 km/h 线桥设备维修规则. 北京:中国铁道出版社,2007.

[10] 中华人民共和国铁道部. 铁建设〔2010〕241 号. 高速铁路轨道工程施工技术指南. 北京:中国铁道出版社,2010.

[11] 中华人民共和国铁道部. TB 10754—2010. 高速铁路轨道工程施工质量验收标准. 北京:中国铁道出版社,2010.

[12] 王平. 铁路轨道施工. 北京:中国铁道出版社,2010.

高速铁路系列